GRAMÁTICA
Marcha Criança
4º ANO

Maria Teresa Marsico

Professora graduada em Letras pela Universidade Federal do Rio de Janeiro (UFRJ) e em Pedagogia pela Sociedade Unificada de Ensino Superior Augusto Motta. Atuou por mais de trinta anos como professora de Educação Infantil e Ensino Fundamental das redes municipal e particular de ensino no município do Rio de Janeiro.

Maria Elisabete Martins Antunes

Professora graduada em Letras pela Universidade Federal do Rio de Janeiro (UFRJ). Atuou durante trinta anos como professora titular em turmas do 1º ao 5º ano na rede municipal de ensino do Rio de Janeiro.

Armando Coelho de Carvalho Neto

Atua desde 1981 com alunos da rede oficial de ensino e professores das redes oficial e particular do Rio de Janeiro. Desenvolve pesquisas e estudos sobre metodologias e teorias modernas de aprendizado. É autor de obras didáticas para Ensino Fundamental e Educação Infantil desde 1993.

Agora você também consegue acessar o *site* exclusivo da **Coleção Marcha Criança** por meio deste QR code.

Basta fazer o *download* de um leitor QR code e posicionar a câmera de seu celular ou *tablet* como se fosse fotografar a imagem acima.

editora scipione

editora scipione

Diretoria editorial
Lidiane Vivaldini Olo

Gerência editorial
Luiz Tonolli

Editoria de Anos Iniciais
Tatiany Telles Renó

Edição
Miriam Mayumi Nakamura e
Duda Albuquerque / DB Produções Editoriais (colaborador)

Gerência de produção editorial
Ricardo de Gan Braga

Arte
Andréa Dellamagna (coord. de criação),
Gláucia Correa Koller (progr. visual de capa e miolo),
Leandro Hiroshi Kanno (coord. de arte),
Fábio Cavalcante (editor de arte) e
JS Design Comunicação Visual (diagram.)

Revisão
Hélia de Jesus Gonsaga (ger.),
Rosângela Muricy (coord.),
Gabriela Macedo de Andrade,
Paula Teixeira de Jesus, Vanessa de Paula Santos,
Brenda Morais e Gabriela Miragaia (estagiárias)

Iconografia
Sílvio Kligin (superv.),
Denise Durand Kremer (coord.),
Carlos Luvizari e Evelyn Torrecilla (pesquisa),
Cesar Wolf e Fernanda Crevin (tratamento de imagem)

Ilustrações
ArtefatoZ (capa) e Ilustra Cartoon (aberturas de unidade e miolo)

Direitos desta edição cedidos à Editora Scipione S.A.
Av. das Nações Unidas, 7221, 1º andar, Setor D
Pinheiros – São Paulo – SP – CEP 05425-902
Tel.: 4003-3061
www.scipione.com.br / atendimento@scipione.com.br

> Os textos sem referência são de autoria de Maria Teresa Marsico, Maria Elisabete Martins Antunes e Armando Coelho.

Dados Internacionais de Catalogação na Publicação (CIP)
(Câmara Brasileira do Livro, SP, Brasil)

Marsico, Maria Teresa
 Marcha criança : gramática / Maria Teresa Marsico, Armando Coelho de Carvalho Neto, Maria Elisabete Martins Antunes. – 2. ed. – São Paulo : Scipione, 2016.

 Obra em 5 v. para alunos do 1º ao 5º ano.
 Bibliografia.

 1. Português - Gramática (Ensino fundamental) I. Carvalho Neto, Armando Coelho de. II. Antunes, Maria Elisabete Martins. III. Título.

16-01779   CDD–372.61

Índices para catálogo sistemático:
1. Gramática : Português : Ensino fundamental 372.61
2. Português : Gramática : Ensino fundamental 372.61

2017
ISBN 978 85 262 9863 7 (AL)
ISBN 978 85 262 9864 4 (PR)
Cód. da obra CL 738838
CAE 565 623 (AL) / 565 624 (PR)
2ª edição
5ª impressão

Impressão e acabamento
Vox Gráfica

Apresentação

Caro aluno, cara aluna,

Pensando em ajudá-los a se tornar leitores e escritores competentes, apresentamos agora a coleção **Marcha Criança Gramática**, totalmente reformulada.

Nela vocês encontram atividades que devem prepará-los para dominar uma das maiores realizações humanas: o ato de escrever!

Descobrindo alguns segredos da língua portuguesa, como a combinação de sinais, letras, palavras, ideias, vocês vão dar forma a textos e sentir cada vez mais o prazer de ler e escrever. Também vão se divertir com o Caderno de Jogos!

Esperamos que gostem da coleção e com ela aprendam muito!

Bons estudos!

Os autores.

Conheça seu livro

Veja a seguir como o seu livro está organizado.

Unidade

Seu livro está organizado em quatro Unidades, com aberturas em páginas duplas. Em **O que vou estudar?** você encontra os tópicos do que vai aprender na respectiva Unidade.

Capítulo

Cada Unidade subdivide-se em capítulos. As aberturas dos capítulos trazem textos e imagens que introduzem o assunto que será trabalhado. Algumas definições de conteúdo são destacadas em boxes.

Ortografia

Nesta seção, você vai conhecer regras ortográficas e realizar várias atividades para fixar seu aprendizado.

Fique por dentro!

O boxe **Fique por dentro!** traz dicas e lembretes que vão facilitar seus estudos.

Atividades

Nesta seção, você vai aplicar e retomar as principais ideias do que aprendeu na abertura do capítulo.
Algumas atividades são acompanhadas de ícones, que indicam quando elas devem ser feitas oralmente, no caderno ou em grupo.

Ideias em ação

Esta seção aparece ao final de cada Unidade, em página dupla. Com base em uma imagem, são retomados alguns conteúdos estudados no decorrer da Unidade.

No dia a dia

Nesta seção, você vai estudar a gramática em situações de uso e compreender que ela está presente em nosso dia a dia.

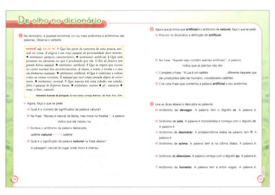

De olho no dicionário

Aqui, você vai aprender a usar o dicionário, uma importante ferramenta de consulta.

Sugestões de leitura

No final do livro, você vai encontrar indicações de leitura para complementar seus estudos.

Quando você encontrar estes ícones, fique atento!

   atividade em grupo

   atividade no caderno

   atividade oral

Material de apoio

Com o **Caderno de Jogos**, você vai estudar a gramática de um jeito muito divertido!

Sumário

UNIDADE 1 8

Capítulo 1: Alfabeto e ordem alfabética 10
Ortografia: m antes de p e b; m e n finais .. 14
De olho no dicionário.................................. 16
No dia a dia 18

Capítulo 2: Sílaba e número de sílabas 20
Ortografia: s, ss; c, ç 24

Capítulo 3: Encontros vocálicos: ditongo, hiato, tritongo 26
Ortografia: o, ou; e, ei 30

Capítulo 4: Encontro consonantal 32
Ortografia: consoante + r, consoante + l 36

Capítulo 5: Dígrafo 38
Ortografia: sc, sç, xc 42

Capítulo 6: Sílaba tônica 44
No dia a dia 48
Ortografia: consoante não acompanhada de vogal 50
De olho no dicionário.................................. 52

Capítulo 7: Acento agudo, circunflexo e grave 54
Ortografia: s depois de l, n, r 58

Capítulo 8: Acentuação gráfica: monossílabos e oxítonas 60
Ortografia: gu, qu 64

Capítulo 9: Acentuação gráfica: paroxítonas e proparoxítonas 68
Ortografia: j, g 72
Ideias em ação 74

UNIDADE 2 76

Capítulo 1: Sinais de pontuação I 78
Ortografia: ar, er, ir, or, ur 81

Capítulo 2: Sinais de pontuação II 84
Ortografia: o, u; e, i 89
No dia a dia 92

Capítulo 3: Sinais gráficos 94
Ortografia: meio/meia 99

Capítulo 4: Tipos de frase 100
Ortografia: r, rr 104

Capítulo 5: Sinônimo e antônimo 106
De olho no dicionário................................ 110
Ortografia: s, z entre vogais 112

Capítulo 6: Artigo definido e indefinido .. 114
Ortografia: x, ch 117

Capítulo 7: Substantivo comum, próprio e coletivo 120
Ortografia: sons do x 125

Capítulo 8: Substantivo primitivo, derivado, simples e composto............ 128
Ortografia: Revisão 133
Ideias em ação 134

UNIDADE 3 136

Capítulo 1: Número do substantivo: singular e plural 138
Ortografia: x com som de s; palavras com s 142

Capítulo 2: Gênero do substantivo: masculino e feminino 144
No dia a dia 150
Ortografia: za, ze, zi, zo, zu; az, ez, iz, oz, uz 152

Capítulo 3: Grau do substantivo: aumentativo e diminutivo 154
Ortografia: -inho, -zinho 159

Capítulo 4: Adjetivo 160
Ortografia: -oso, -osa 166
De olho no dicionário 168

Capítulo 5: Grau do adjetivo 170
Ortografia: l, u 174

Capítulo 6: Concordância entre artigo, substantivo e adjetivo 176
Ortografia: -ez, -eza; -ês, -esa, -ense 180
De olho no dicionário 182

Capítulo 7: Pronome pessoal do caso reto e pronome de tratamento 184
Ortografia: as, es, is, os, us 190

Capítulo 8: Pronome pessoal do caso oblíquo 192
Ortografia: h inicial; lh, li 196
Ideias em ação 198

UNIDADE 4 200

Capítulo 1: Numeral 202
Ortografia: mas/mais 208

Capítulo 2: Verbo: pessoa, número, tempo e modo 210
Ortografia: -rão, -ram 216

Capítulo 3: Verbo no infinitivo e conjugações verbais 218
Ortografia: -ar, -izar 225
De olho no dicionário 226

Capítulo 4: Verbo pôr 228
Ortografia: por que, porque 232

Capítulo 5: Sujeito e predicado 234
Ortografia: onde, aonde 238

Capítulo 6: Advérbio 240
Ortografia: mal, mau 246

Capítulo 7: Preposição 248
Ortografia: pôr, por 253

Capítulo 8: Interjeição 254
No dia a dia 257
Ortografia: Revisão 259

Ideias em ação 260

Sugestões para o aluno 262

Bibliografia 264

Capítulo 1 — Alfabeto e ordem alfabética

Você já aprendeu que, para nos comunicar, podemos usar a fala e a escrita. Veja estas situações:

CLARA, VAMOS ANDAR DE BICICLETA HOJE?

VAMOS, SIM! A QUE HORAS?

Felipe,
Não se esqueça de pegar seu lanche na geladeira.
Beijos,
Mamãe

Para falar, usamos sons. Cada som que forma as palavras chama-se **fonema**.

Para escrever, usamos letras. A letra é a representação dos fonemas na escrita, e cada letra, geralmente, corresponde a um fonema.

> O conjunto de letras que usamos para escrever é chamado de **alfabeto**.

O alfabeto da língua portuguesa tem 26 letras. Elas podem ser maiúsculas ou minúsculas. Veja.

Alfabeto maiúsculo

A	B	C	D	E	F	G
A	*B*	*C*	*D*	*E*	*F*	*G*
H	I	J	K	L	M	N
H	*I*	*J*	*K*	*L*	*M*	*N*
O	P	Q	R	S	T	U
O	*P*	*Q*	*R*	*S*	*T*	*U*
V	W	X	Y	Z		
V	*W*	*X*	*Y*	*Z*		

Alfabeto minúsculo

a	b	c	d	e	f	g
a	b	c	d	e	f	g
h	i	j	k	l	m	n
h	i	j	k	l	m	n
o	p	q	r	s	t	u
o	p	q	r	s	t	u
v	w	x	y	z		
v	w	x	y	z		

As letras do nosso alfabeto são classificadas em **vogais** e **consoantes**. Veja:

A	B	C	D	E	F	G
H	I	J	K	L	M	N
O	P	Q	R	S	T	U
V	W	X	Y	Z		

As letras **a**, **e**, **i**, **o**, **u** são as **vogais**.

As letras **b**, **c**, **d**, **f**, **g**, **h**, **j**, **l**, **m**, **n**, **p**, **q**, **r**, **s**, **t**, **v**, **x**, **z** são as **consoantes**.

A letra **k** tem som de consoante (como em Karla), a letra **y** tem som de vogal (como em Yuri), e a letra **w** pode ter som de vogal (como em Wilson) ou de consoante (como em Wanda).

Para organizar as palavras em ordem alfabética (como nas agendas telefônicas, listas de chamada, etc.), fazemos o seguinte:

- Quando a primeira letra das palavras é igual, observamos a **segunda letra**.

    abacaxi   acerola   ameixa

- Quando a segunda letra das palavras também é igual, observamos a **terceira letra**. E assim por diante.

    pimenta   pipa   pirueta

Atividades

1 Leia este diálogo.

a) Ao escrever o bilhete, Tadeu usou:

○ sons.

○ letras.

b) De que forma Ana recebeu o recado da professora?

....

c) Se Tadeu tivesse gravado a mensagem para sua irmã ouvi-la, ela teria sido transmitida por meio da:

○ fala.

○ escrita.

2 Você já sabe que todas as pessoas têm nome e sobrenome. Eles são escritos com letra inicial:

◯ minúscula. ◯ maiúscula.

- Escreva o nome de duas pessoas da sua turma.

....

....

3 Faça uma lista dos brinquedos e das brincadeiras de que você mais gosta.

Brinquedos	Brincadeiras

- Para completar o quadro, você escreveu palavras com letra inicial:

◯ minúscula. ◯ maiúscula.

4 Escreva as palavras do quadro em ordem alfabética. Veja o exemplo.

| javanês | irlandês | argeliano | paranaense | argentino | paraense |

a	r	g	e	l	i	a	n	o	
a	r	g	e	n	t	i	n	o	

Ortografia

m antes de p e b; m e n finais

1 Leia um trecho do poema **Todos** e complete as palavras com **m** ou **n**.

Todos

Seja e .... Paris ou na Espanha,
No Zaire ou na Grã-Bretanha,
A .... gola ou Botucatu;
Moça .... bique ou Mar de Espanha,
Fortaleza ou Tra .... silvânia,
Na Grécia ou To .... buctu;
[...]

Todo mu .... do, todo o te .... po,
Te .... direito a proteção.
A lei existe para todos,
Se .... nenhuma disti .... ção.
Pois somos todos pessoas!
Não pode haver exceção!

Toda criança do mundo mora no meu coração, de Ruth Rocha. São Paulo: Salamandra, 2014.

○ Leia estas palavras e observe as letras destacadas. Depois complete a informação a seguir.

se**m**   Moça**m**bique   te**m**po

A letra **m** é usada antes de .... e .... e no final de algumas palavras.

2 A letra **m** e a letra **n** também são usadas no final das palavras. Ouça as palavras que o professor vai ditar e escreva-as no quadro, na coluna correspondente.

Palavras terminadas em m	Palavras terminadas em n

14 Capítulo 1 – Alfabeto e ordem alfabética

3 Observe os dois grupos de palavras.

1	2
bombeiro exemplo tampa embrulho	ponteiro criança domingo lindo

- Agora, leia as regras abaixo sobre o uso do **m** e do **n** e copie a regra adequada embaixo de cada grupo.

> Usa-se **m** antes de **p** e **b**.
> Usa-se **n** antes das outras consoantes.

4 Leia os haicais e complete as palavras com **m** ou **n**.

Primeiro, eu te_____to, Se o ve_____to não ve_____tar, Eu i_____ve_____to!	É co_____venie_____te Ter aquela paciência Co_____ os pais da gente.
Faço um estudo Pra saber se vou ter te_____po De fazer tudo.	Co_____versa co_____prida: O vô e o neto, lá lo_____ge... Fala_____do da vida.

Os hai-kais do Menino Maluquinho, de Ziraldo. São Paulo: Melhoramentos, 2013.

De olho no dicionário

O dicionário é um livro que traz as palavras dispostas em ordem alfabética e acompanhadas de seus significados.

Veja a reprodução de uma página de dicionário.

pedir ➪ pelo

pedir (pe.dir) *verbo*
Dizer gentilmente a alguém que faça algo que se quer ou de que se necessita.
O lanterninha pediu para a plateia não falar durante o filme para não atrapalhar a sessão de cinema.

pedra (pe.dra) *substantivo*
Rocha ou pedaço de rocha dura e sólida.
Existem diversos tipos de pedras, de texturas e cores diferentes, que encontramos na natureza e que podem ter vários usos, como na construção de casas, em joias etc.

pedregulho (pe.dre.gu.lho) *substantivo*
Grande quantidade de pedras miúdas.
Paulo Henrique tropeçou e esfolou o joelho no chão de pedregulho.

pegada (pe.ga.da) *substantivo*
Marca que o pé deixa no solo.
Depois de brincar na lama, o cachorro entrou e deixou suas pegadas pela casa toda.

pegar (pe.gar) *verbo*
1. Segurar, tomar com as mãos ou com outra parte do corpo.
Pâmela pegou o pano sujo com as pontas dos dedos e jogou-o dentro do balde.
2. Ficar doente porque alguém lhe transmitiu a doença.
A menina pegou catapora e está cheia de pintas vermelhas pelo corpo.
3. Entrar ou andar em um veículo.
As duas colegas são vizinhas e pegam o mesmo ônibus para ir à escola.

4. Inflamar-se (fogo).
"Quartel pegou fogo, Francisco deu sinal, acode, acode, acode a bandeira nacional."

peixe (pei.xe) *substantivo*
Animal vertebrado que vive na água; geralmente tem o corpo coberto por escamas e se movimenta por meio de nadadeiras.
As brânquias são os órgãos responsáveis pela respiração dos peixes e é por causa delas que eles conseguem viver debaixo d'água.

pele (pe.le) *substantivo*
1. Membrana que reveste e cobre todas as partes do corpo das pessoas, dos animais vertebrados e de grande número de invertebrados.
As crianças ficaram tanto tempo na piscina que, quando saíram, estavam com a pele dos dedos enrugada.
2. Couro de animal, geralmente com pelos macios.
Antigamente, as pessoas caçavam os animais, comiam a sua carne e usavam a pele deles para se proteger do frio porque não tinham como se aquecer.
3. A casca de alguns frutos.
Pepita tira a pele do caqui antes de comê-lo.

pelo (pe.lo) (ê) *substantivo*
Fio ou conjunto de fios que crescem na pele dos animais mamíferos e em algumas partes do corpo humano.
Papai precisa aparar os pelos do bigode.
Plural **pelos**.

Saraiva infantil de A a Z: dicionário da língua portuguesa ilustrado. São Paulo: Saraiva, 2008.

1. As palavras do dicionário acompanhadas da explicação de seu significado recebem o nome de **verbete**. Quantos verbetes tem a página de dicionário reproduzida?

   ....

2. Com que letra começam os verbetes dessa página?

   ....

   o Qual é a letra que será apresentada depois dessa?

   ....

3. Se os verbetes **pedreiro** e **peixaria** fossem encaixados nessa página, qual seria a posição deles?

   pedreiro: entre .... e ....

   peixaria: entre .... e ....

4. Para encontrar uma palavra no dicionário, podemos observar as palavras-guias que ficam no alto de cada página. Quais são as palavras-guias da página reproduzida?

   ....

5. O dicionário não só explica o significado das palavras, mas também fornece outras informações sobre elas. Consulte, na página reproduzida, o verbete **pedregulho** e complete as informações sobre ele.

Verbete	Significado	Frase de exemplo do uso do verbete

Unidade 1

No dia a dia

A ordem alfabética não é usada apenas nos dicionários. Nós a utilizamos na organização de nomes de alunos em listas de chamadas, sobrenomes em listas telefônicas, sobrenomes de autores em catálogos de livros, nomes de cidades em guias turísticos, organização de livros em livrarias e bibliotecas, etc.

- Observe a capa dos livros abaixo. Todos foram escritos por Ruth Rocha.

- Agora, escreva o nome dos livros em ordem alfabética.

Capítulo 2 — Sílaba e número de sílabas

Leia esta parlenda em voz alta.

U-ni-du-ni-tê
sa-la-mê-min-guê
Um sorvete colorê
O escolhido foi **vo... cê**!

U-ni-du-ni-tê
sa-la-mê-min-guê
Um sorvete colorê
Pra você lam... ber!

Parlenda popular.

Observe as palavras destacadas na parlenda. Pronuncie-as bem devagar, em partes, como elas aparecem escritas. Cada um desses grupos de sons forma uma **sílaba**.

Cada som ou grupo de sons pronunciado de uma só vez é chamado de **sílaba**.

As palavras podem ser classificadas de acordo com o número de sílabas que contêm.

Palavra	Número de sílabas	Classificação
um	uma	monossílaba
você	duas	dissílaba
sorvete	três	trissílaba
escolhido	quatro	polissílaba

As palavras com mais de quatro sílabas também são classificadas como **polissílabas**.

1 Descubra e escreva as vogais que completam as sílabas dos nomes dos animais.

_____nç_____   dr_____g_____   h_____p_____p_____t_____m_____

g_____r_____f_____   r_____n_____c_____r_____nt_____   _____sq_____l_____

Fique por dentro!
Não existe sílaba sem vogal.

2 Leia a quadrinha.

Um garboso cisne dinamarquês,
Que já foi feio e desprezado,
Ou um apressado coelho branco,
Se dizendo sempre atrasado?

O que é que te diverte?, de Eliardo França.
São Paulo: Caramelo, 2015.

a) Separe as sílabas do nome dos animais.

_____

b) Quantas sílabas têm essas palavras?

_____

c) Essas palavras são:

○ monossílaba e trissílaba.   ○ dissílaba e polissílaba.   ○ dissílaba e trissílaba.

3 Assinale a frase que é escrita somente com palavras monossílabas.

◯ Vejo a chuva da janela.

◯ O pé de Gil não dói.

◯ O céu está ensolarado.

◯ Leo viu a Lua no céu.

4 Complete a cruzadinha com o nome das figuras. Escreva uma sílaba em cada quadrinho.

5 Forme grupo com dois colegas e escrevam palavras polissílabas conforme a indicação dos quadros. O grupo que escrever mais palavras será o vencedor!

Animais	Frutas	Objetos

6 Complete os quadrinhos com as vogais que faltam em cada sílaba. Depois escreva o nome das figuras e indique sua classificação.

m......... | l......n | c......... | ....

m......... | l.........

j......... | b......... | t......... | c......... | b.........

m......... | r......n | g.........

Ortografia

s, ss; c, ç

1 Leia estas palavras em voz alta e observe as letras destacadas.

seca	**c**ebola	**s**inalização	pa**ss**eio	dan**ç**a
semana	**c**inema	**s**imples	depre**ss**a	almo**ç**o
segundo	**c**elular	**s**ilêncio	discu**ss**ão	ca**ç**ula

- Existe diferença na pronúncia das letras **s**, **c**, **ss** e **ç** nas palavras acima?

  ◯ sim ◯ não

2 Complete as palavras com **s**, **ss** ou **ç**.

demi____ão   ____o____ego   aterri____agem
____inal   gira____ol   ____o____egado
____ereia   cal____ado   bú____ola
op____ão   len____ol   ge____o
disfar____ar   Igua____u   terra____o

3 Escreva o nome das partes do corpo indicadas.

Fique por dentro!

O grupo **ss** sempre aparece entre vogais.
A letra **ç** é usada antes de **a**, **o**, **u** e nunca inicia palavra.

Capítulo 2 – Sílaba e número de sílabas

4) Leia em voz alta as palavras abaixo e complete-as com **s** ou **ss**. Observe que em todas as palavras as letras **s** e **ss** têm o mesmo som.

bol_____a   pa_____agem   ur_____o

_____ilêncio   _____aboneteira   men_____agem

_____orte   dino_____auro   va_____oura

a) Escreva as palavras nas colunas adequadas.

s no início da palavra	s depois de consoante	ss entre vogais

b) Separe as sílabas das palavras da terceira coluna.

_____

Fique por dentro!
Na divisão silábica, o grupo **ss** fica em sílabas diferentes.

5) Complete as frases com as palavras do quadro.

    poça   possa   posso   poço

a) Mamãe, eu _____ ir à casa da Cíntia?

b) João cavou um _____ no sítio.

c) Escorreguei em uma _____ de água suja.

d) Talvez eu _____ sair mais cedo hoje.

6) Crie novas palavras. Veja o exemplo.

acentuar: *acentuação*   classificar: _____

educar: _____   acelerar: _____

aceitar: _____   criar: _____

Capítulo 3
Encontros vocálicos: ditongo, hiato, tritongo

Leia a quarta capa do livro **Dedé e os tubarões**.

A última **coisa** que Lelê **queria** era tomar conta do Dedé, **seu irmão** pequeno. O menino só **queria** saber de mapas, globos, atlas e **sua** nova descoberta: brincar com o [...] tablete do **pai**.

Mas **quando** Dedé **pediu** para a irmã buscar os **tubarões** na tela, Lelê **achou** graça e **resolveu** entrar na **brincadeira**. Só **não** imaginava que aquilo era o **início** de uma grande aventura, misturando o mundo **real** e o **virtual**, com **muitos** perigos e **tubarões** no caminho.

Dedé e os tubarões, de Alessandra Roscoe e Leo Cunha. São Paulo: Escarlate, 2013.

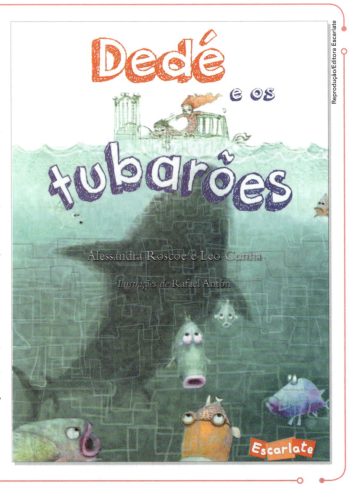

As palavras destacadas no texto possuem encontro vocálico. Observe algumas delas:

coi**sa   tubarõ**es**   r**ea**l   virt**ua**l**

Quando duas ou mais vogais aparecem juntas em uma palavra, elas formam um **encontro vocálico**.

Veja agora a separação de sílabas dessas palavras.

coisa ⟶ c**oi**-sa   real ⟶ r**e-a**l

tubarões ⟶ tu-ba-r**õe**s   virtual ⟶ vir-t**u-a**l

Repare que nas palavras **coisa** e **tubarões** o encontro vocálico acontece na mesma sílaba. Já nas palavras **real** e **virtual**, o encontro vocálico ocorre em sílabas separadas.

As palavras **coisa** e **tubarões** apresentam um encontro de vogais chamado **ditongo**.

Ditongo é o encontro de duas vogais pronunciadas na mesma sílaba.

As palavras **real** e **virtual** apresentam um encontro de vogais chamado **hiato**.

Hiato é o encontro de duas vogais pronunciadas em sílabas diferentes.

Leia esta tirinha.

As melhores tiras da Mônica, de Mauricio de Sousa. v. 1. São Paulo: Panini Books, 2008.

Leia a palavra **iguaizinhos** pausadamente e perceba que ela é dividida em quatro sílabas: **i-guai-zi-nhos**. Na sílaba **guai** aparecem três vogais juntas.

A palavra **iguaizinhos** apresenta um encontro vocálico chamado **tritongo**.

Tritongo é o encontro de três vogais pronunciadas na mesma sílaba.

Atividades

1 Copie do texto que você leu na página 26 outras palavras que têm encontro vocálico, separe as sílabas e classifique os encontros em ditongo, hiato ou tritongo.

_____

_____

_____

_____

2 Circule os encontros vocálicos das palavras e separe suas sílabas. Veja o exemplo.

cidad**ão**: *ci-da-dão*   Uruguai: _____

enxaguei: _____   eleições: _____

sanduíche: _____   autor: _____

saguão: _____   animais: _____

moeda: _____   iguais: _____

higiene: _____   violeta: _____

○ Agora, distribua as palavras no quadro.

Ditongo	Hiato	Tritongo

Capítulo 3 – Encontros vocálicos: ditongo, hiato, tritongo

3 Complete as palavras com ditongos.

a) Emíl......... e t......... Nastác......... s......... personagens de histór......... s de Mont......... ro Lobato.

b) Hel......... sa cheg......... do cabel......... r......... ro e logo s......... para mostrar o novo vis......... l.

c) O .... tor termin......... um novo capítulo do livro que está escrevendo.

4 Leia esta informação.

> As aldeias dos ianomâmi costumam ser construídas em clareiras no meio da Floresta Amazônica. Em muitas delas só se chega a pé ou de avião! Podem ser formadas por apenas uma imensa casa em formato de cone, com estrutura de madeira recoberta com folhas de palmeiras, e com o centro aberto. Nessa casa-aldeia podem morar de cinquenta a duzentas pessoas, ou até mais! Na floresta ao redor, os ianomâmi caçam e coletam alimentos, sementes, palmeiras e outros materiais.
>
> Os ianomâmi vivem no Brasil e na Venezuela. São mais ou menos 35 mil pessoas das quais cerca de 15 mil vivem no nosso país, nos estados do Amazonas e Roraima. Existem pelo menos quatro línguas da família linguística ianomâmi. [...]
>
> **Aldeias, palavras e mundo indígenas**, de Valéria Macedo. São Paulo: Companhia das Letrinhas, 2015.

o Copie do texto, separando as sílabas:

a) uma palavra trissílaba com ditongo e hiato;

b) uma palavra trissílaba, iniciada por vogal, com ditongo;

c) uma palavra monossílaba com tritongo;

d) duas palavras polissílabas com hiato.

Ortografia

o, ou; e, ei

1 Leia o texto em voz alta, enfatizando as palavras destacadas.

> O ônibus **parou** em frente ao número **doze**, e eu desci tão rápido que caí e sujei minha **roupa**.

a) Copie as palavras destacadas que têm o ditongo **ou**.

_____

b) Copie a palavra destacada que tem a vogal **o** no final da sílaba.

_____

> **Fique por dentro!**
> A pronúncia das palavras com **ou** e **o** pode ser bem parecida.

2 Complete as palavras com **ou** ou **o**. Se tiver dúvidas, consulte o dicionário.

tes_____ra   profess_____ra   bes_____ro
lag_____a   l_____ça   cor_____a
est_____   pul_____   est_____ro
d_____rado   marip_____sa   vass_____ra
t_____ro   aç_____gue   l_____ro

3 O que é, o que é? Escreva. **Dica**: as palavras têm **ou** e **o**.

a) Um metal muito brilhante, amarelo. Tem duas sílabas. _____

b) Uma das quatro estações do ano. Tem três sílabas. _____

4 Leia o texto a seguir.

Você já fez os próprios brinquedos?

Eu quero que você faça uma coisa: olhe bem para os brinquedos que você tem guardados, mesmo aqueles que você não usa mais. Sabe quem deu cada um deles a você? Quanto tempo brincou com eles, e quantas vezes?

Por acaso tem algum brinquedo que foi feito por você mesmo? Eu acho que não: a maioria das crianças gosta de ganhar brinquedos prontos, mas depois eles ficam guardados a maior parte do tempo, não é assim mesmo que acontece?

Brinquedo legal, que dá brincadeira boa, daquelas que você nem percebe o tempo passar, é aquele que tem alguma história, ou que você mesmo fez. Então, hoje vou lançar um desafio a todas as crianças que leem esta coluna: fazer seu próprio brinquedo.

[...]

Rosely Sayão. **Folha de S.Paulo**, São Paulo, 8 ago. 2015. Folhinha, Disponível em: <http://acervo.folha.uol.com.br/fsp/2015/08/08/32/>. Acesso em: 1º dez. 2015.

- Copie as palavras do texto que têm os ditongos **ei** e **ou**.

_____

5 Complete as palavras com **ei** ou **e**.

band_____ra   carn_____ro   talv_____z
m_____s   f_____ra   fregu_____s
carangu_____jo   coqu_____ro   mant_____ga
cer_____ja   lapis_____ra   tr_____s

A pronúncia das palavras com **ei** e **e** pode ser bem parecida.

Capítulo 4 — Encontro consonantal

Leia esta informação sobre os fósseis.

O que são fósseis?

Na natureza, quando **restos** de animais ou **plantas** (ou ainda **vestígios** de animais ou plantas) são **preservados** na **superfície** de rochas, no solo ou em **outros** sedimentos ao longo de muito tempo, eles são chamados fósseis. Estudando esses vestígios do passado, os paleontólogos podem tirar **conclusões sobre** como era a vida na Terra antes mesmo de a **espécie** humana **existir**. [...]

Ciência Hoje das Crianças, ano 27, n. 256. Rio de Janeiro: SBPC, maio 2014.

Marcio Jose Bastos Silva/Shutterstock

Você já aprendeu que algumas palavras apresentam encontros de vogais. Isso acontece também com as consoantes. Veja.

plantas	re**s**tos	**pr**ese**rv**ados	con**cl**usões	e**sp**écie
ou**tr**os	supe**rf**ície	ve**st**ígios	so**br**e	exi**st**ir

Encontro consonantal é o encontro de duas ou mais consoantes na mesma palavra.

O encontro consonantal pode ocorrer:

Na mesma sílaba	Em sílabas diferentes
plan-tas **pr**e-ser-va-dos con-**cl**u-sões ou-**tr**os so-**br**e	re**s**-**t**os pre-se**r**-**v**a-dos e**s**-**p**é-cie su-pe**r**-**f**í-cie ve**s**-**t**í-gios e-xi**s**-**t**ir

Atividades

1 Escreva o nome das figuras e separe suas sílabas.

....

....

....

....

○ Agora, distribua esses nomes no quadro de acordo com o tipo de encontro consonantal.

Na mesma sílaba	Em sílabas diferentes

2 Complete as palavras das frases com encontros consonantais.

a) O pro_____ema de ir à _____aia hoje é o _____io.

b) Um beija-_____or pesa em média dez _____amas.

c) Ontem jantamos _____ócolis e batatas _____elhadas.

d) Temos ótimos _____anos para o mês de novem_____o.

3 Leia uma dica para conservar as florestas.

Cumprir a lei

O Código Florestal Brasileiro apresenta muitas formas de conservar as florestas, destacando cuidados com os mananciais (nascentes), as margens dos cursos dos rios, as espécies ameaçadas de extinção, regiões de mangues e outros ambientes de grande fragilidade. Que tal se informar melhor sobre o que podemos e o que não podemos fazer com as nossas florestas?

Ciência Hoje das Crianças, ano 28, n. 265. Rio de Janeiro: SBPC, mar. 2015.

a) Circule em cada quadro a palavra "intrusa". Depois justifique sua resposta.

sobre	conservar
brasileiro	outros
formas	informar
fragilidade	florestas

....

....

....

....

b) Copie do texto outras palavras com encontro consonantal.

....

....

....

Capítulo 4 – Encontro consonantal

4) Leia as placas e complete-as com uma palavra que tenha encontro consonantal.

NÃO PISE NA ....

ATENÇÃO! ANIMAIS NA ....

CUIDADO! CACHORRO ....

ATRAVESSE NA FAIXA DE ....

.... UM E GANHE O ....

CIRCULAÇÃO EXCLUSIVA DE ....

Ortografia

consoante + r, consoante + l

1 Leia o poema e circule as palavras que têm o encontro de **consoante + r** e o encontro de **consoante + l**.

Na campina florida

Na campina florida
Umas lebres com atenção
Observam o crescimento
De um dente-de-leão.

Quando essas plantas florescem
Mal as flores aparecem
As devoram com paixão.

Histórias e versos das estações do ano, de Françoise Bobe. Tradução de Eduardo Brandão. São Paulo: Companhia das Letrinhas, 2011.

a) Separe as sílabas das palavras que você circulou.

....
....
....
....

b) Os encontros de **consoante + r** e **consoante + l** ficaram na mesma sílaba ou em sílabas separadas?

Capítulo 4 – Encontro consonantal

2 Descubra no quadro as sílabas para completar as palavras abaixo. Depois copie as palavras formadas.

gla   pro   pli   dra   brin   gra   pla   tro

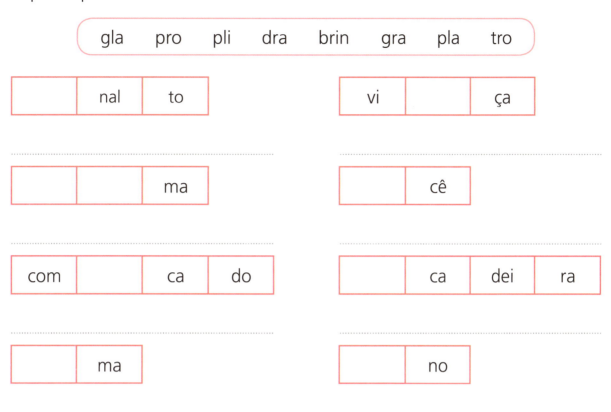

3 Complete a cruzadinha de acordo com o número de letras.

5 letras	6 letras	7 letras	8 letras	9 letras	10 letras
flora	atleta	segredo	livraria	primavera	biblioteca

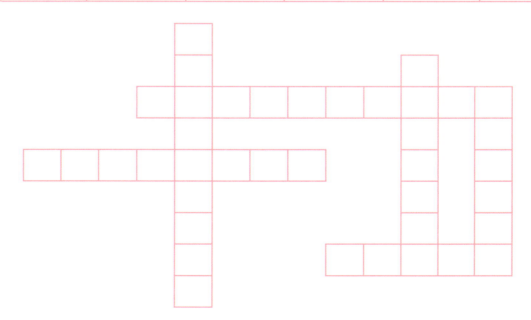

Capítulo 5 — Dígrafo

Leia esta parlenda.

Sol e **ch**uva
Casam**en**to de viúva
Chuva e sol
Casam**en**to de espa**nh**ol

Parlenda popular.

Observe que nas palavras **chuva**, **casamento** e **espanhol** aparecem duas letras que representam apenas um som.

Dígrafo é a junção de duas letras que representam apenas um som na palavra.

Conheça alguns dígrafos da língua portuguesa.

ch	lh	nh	qu	gu	rr	ss	sc	xc	sç
am	em	im	om	um	an	en	in	on	un

Observe agora a diferença de pronúncia nos grupos **qu** e **gu**.

querido/**qu**itanda
guerra/**gu**itarra

conse**qu**ência/tran**qu**ilo
a**gu**entar/lin**gu**iça

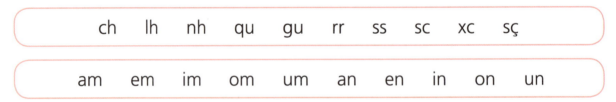

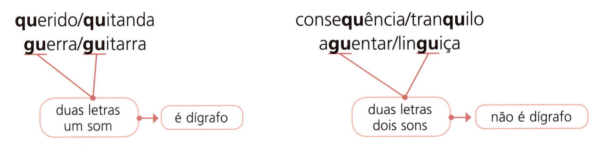

Nos dígrafos, a letra **u** dos grupos **qu** e **gu** não é pronunciada. Portanto, ouvimos apenas **um som**.

Fique por dentro!

Não se separam as letras dos dígrafos **ch**, **nh**, **lh**, **gu**, **qu**.
Separam-se as letras dos dígrafos **rr**, **ss**, **sc**, **sç**, **xc**.

1. Leia mais um trecho do livro **Dedé e os tubarões**. Copie as palavras destacadas, separe suas sílabas e depois circule os dígrafos.

No Natal **passado**, eu **ganhei** um globo **terrestre** muito irado: ele é um **pouquinho** transparente, **assim**, sabe? Com uma luz dentro. Quando a gente acende dá pra ver **direitinho**, no globo, onde é **montanha** alta, onde é montanha baixa, rio, lagoa, mar fundo e mar raso. Legal demais!

O Dedé tem um globo **menorzinho**, mas é claro que ele quer brincar sempre com o meu. Ou então com o GPS do papai. A gente anda dentro da cidade, pelas ruas mais **conhecidas** do mundo, e o Dedé fica pedindo: "liga a Adelaide, papai, liga a Adelaide".

Adelaide é o nome que a gente deu pro GPS. É que quando ele vai dar alguma informação, fala com uma voz de mulher meio engraçada. [...]

Dedé e os tubarões, de Alessandra Roscoe e Leo Cunha. São Paulo: Escarlate, 2013.

2. Separe as sílabas das palavras.

garrafa: .... pêssego: ....

bilhete: .... águia: ....

piscina: .... queijo: ....

exceção: .... gafanhoto: ....

chapéu: .... amassado: ....

- Agora, escreva apenas os dígrafos na coluna correspondente.

Dígrafos inseparáveis (ficam na mesma sílaba)	Dígrafos separáveis (ficam em sílabas diferentes)

3 No texto abaixo, circule as palavras conforme as cores indicadas.

 encontro consonantal

 dígrafo

 encontro consonantal e dígrafo

Glorinha era uma menina muito curiosa.
A cozinheira não podia trabalhar sossegada.
— O que tem dentro dessa panela?
— Por que você chora quando corta cebola?
[...]

A curiosidade premiada, de Fernanda Lopes de Almeida. São Paulo: Ática, 2009.

4 Escreva as respostas das adivinhas.

a) O contrário de **abrir**. (2 sílabas) ....

b) Utensílio com ponta arredondada usado para levar alimento à boca. (2 sílabas) ....

c) Fôrma de metal para assar alimentos. (4 sílabas) ....

d) O contrário de **subir**. (2 sílabas) ....

e) O mesmo que **certo**. (3 sílabas) ....

- Marque um **X** na opção correta.
  Nas palavras que você escreveu há:

  ◯ encontros consonantais.   ◯ dígrafos.

Capítulo 5 – Dígrafo

5 Leia as palavras abaixo e distribua-as nas colunas adequadas, separando suas sílabas.

exportar	proteger	dinheiro	carrossel
nascido	desça	agradar	chuteira
alfabeto	postal	objeto	triplicar
fogueira	excesso	atlas	olho

| Encontro consonantal || Dígrafo ||
na mesma sílaba	em sílabas diferentes	na mesma sílaba	em sílabas diferentes

6 Escreva as palavras do quadro de acordo com o que se pede.

| quadra | piscina | quilo |
| rosca | brinquedo | choque |

a) Palavra com encontro consonantal e dígrafo. _____

b) Palavra em que a letra **u** do grupo **qu** é pronunciada, portanto não forma dígrafo. _____

c) Palavra em que a letra **u** do grupo **qu** não é pronunciada, portanto forma dígrafo. _____

d) Palavra com dois dígrafos. _____

e) Palavra em que **sc** não é dígrafo. _____

f) Palavra em que **sc** é dígrafo. _____

Ortografia

SC, SÇ, XC

1 Leia.

VOCÊ ESTAVA **EXCELENTE** NO JOGO, **PRISCILA**! QUE SEU TALENTO **CRESÇA** MAIS A CADA DIA!

- Complete.

    Nas palavras destacadas, os dígrafos ...., ... e .... representam o som **sê**.

Fique por dentro!

Na divisão silábica, as letras dos dígrafos **xc**, **sc** e **sç** ficam em sílabas separadas.

2 Complete as frases com as palavras do quadro.

| adolescente | descendente | exceto |
| excesso | fascinante | floresçam |

a) Meu melhor amigo é .... de alemães.

b) Como é .... viajar pelo Brasil!

c) Devemos evitar alimentos com .... de açúcar e gordura.

d) Tomara que as plantas .... até o fim da primavera.

e) Com 13 anos você já é um ....

f) Todos foram ao passeio, ... eu.

Capítulo 5 – Dígrafo

• Escreva as palavras do quadro separando suas sílabas.

....

....

3 Ordene as sílabas, forme palavras e distribua-as no quadro.

(cen) (cres) (te) ....

(ça) (des) ....

(lên) (ex) (cia) (ce) ....

(ço) (cres) ....

(ce) (ção) (ex) ....

(ci) (na) (dis) (pli) ....

(na) (ci) (fas) (ção) ....

(ex) (co) (tri) (cên) ....

xc	sc	sç

4 Circule as palavras cujas letras **sc** não formam dígrafo.

pesca   nascimento   piscina   escola
descida   desculpa   escuro   crescer

5 Forme palavras com o dígrafo **xc**.

e • → eção
e • → xc → elente
e • → epcional

Sílaba tônica

Leia a tirinha a seguir.

Armandinho cinco, de Alexandre Beck. Florianópolis: A. C. Beck, 2015.

Agora leia a tirinha em voz alta e observe que em toda palavra há uma sílaba que é pronunciada com mais força.

A sílaba mais forte de uma palavra recebe o nome de **sílaba tônica**.

Quanto à posição da sílaba tônica, as palavras com mais de uma sílaba podem ser:

Fique por dentro!

Nas palavras que têm acento gráfico, como P**á**scoa, voc**ê**, econ**ô**mico, a vogal acentuada pertence à sílaba tônica.

Atividades

1 Complete os espaços com a sílaba tônica das palavras. Consulte o quadro.

gun	vin	mu	lô	tân	re
fes	chor	sem	ção	guém	tin

Ouvindo e voltando

Ouvir como o cão,
a maior revolu............. .
O.............lha de au-au, uau!
Isso que é audição.
Prezado ou.............te:
o ouvido do ca.............ro
vale por dez
ou vinte.

Escutar a qui.............metros
de dis.............cia
no início
foi uma.............ta.
Mas depois deu muita briga,
virou ba.............ça.
Se falassem mal dos outros,
.... pre tinha al.............ouvindo.
Foram ficando todos.............dos
e acabaram la.............do.

A moda genética, de Ricardo Silvestrin. São Paulo: Ática, 2009.

2 Cante a cantiga com os colegas. Depois circule a sílaba tônica das palavras destacadas.

Meu **limão**, meu **limoeiro**
Meu pé de **jacarandá**
Uma vez, **tindolelê**
Outra vez, **tindolalá**

Cantiga popular.

3 Complete as palavras das frases com as sílabas dos quadrinhos.

| nás | bú | rá |

a) Andei o mais .... pido que pude.

b) Vou à aula de gi .... tica.

c) O .... falo alimenta-se de ervas.

○ Complete.

As sílabas que você escreveu são chamadas de ....

4 Circule a sílaba tônica das palavras destacadas e marque um **X** na sua posição.

a) Vovó é uma pessoa **sábia**. Conhece até o canto dos pássaros.

○ última ○ penúltima ○ antepenúltima

b) Eu não **sabia** o nome dessa ave.

○ última ○ penúltima ○ antepenúltima

c) O **sabiá** sabe assobiar.

○ última ○ penúltima ○ antepenúltima

5 Circule a sílaba tônica das palavras.

| você   criança   colar   relâmpago   mamífero |
| médico   café   floresta   cinema |

○ Agora, distribua as palavras conforme a posição da sílaba tônica.

Oxítonas	Paroxítonas	Proparoxítonas

6 Leia as adivinhas e responda. **Dica**: as respostas são palavras trissílabas e proparoxítonas.

> O que é, o que é?
> Possui corrente e não é relógio, possui rosca e não é parafuso?

> O que é, o que é?
> Só serve quando se arremessa?

Charadas da Charalina, de Nelson Albissú. São Paulo: Paulinas, 2004.

o Agora, desenhe no espaço abaixo as figuras correspondentes às suas respostas.

7 Separe as sílabas das palavras, circule a sílaba tônica e classifique-as. Veja o exemplo.

abacaxi	a-ba-ca-(xi)	polissílaba oxítona
onça		
dominó		
hipopótamo		
carrinho		
pêssego		
tamanduá		

No dia a dia

Como você já aprendeu, sílaba tônica é aquela pronunciada com maior intensidade na palavra.

Muitas vezes observamos em jornais falados, por exemplo, um destaque dado para determinada sílaba com a intenção de chamar a atenção do ouvinte ou telespectador.

1 Observe a fala de um locutor de TV e as sílabas que ele enfatiza na frase.

- Escolha outras palavras da fala do locutor que não tenham sido destacadas e pinte as sílabas que você acha que devem ser enfatizadas.

2 Recorte do jornal uma pequena notícia sobre um assunto da atualidade. Cole-a abaixo, leia-a em voz baixa e pinte as sílabas que você acha que devem ser enfatizadas. Depois, leia a notícia para a turma, pronunciando as sílabas destacadas com mais força.

consoante não acompanhada de vogal

1 Compare estas palavras, observando as letras em destaque.

peneira — a consoante é acompanhada de vogal
a**di**vinhar
o**be**diente

pneu — a consoante não é acompanhada de vogal
a**dm**irar
o**bj**eto

> As consoantes não acompanhadas de vogal também formam **encontros consonantais**. A primeira consoante é levemente pronunciada.
> Na separação silábica, ficam em sílabas separadas quando não iniciam palavra.

○ Leia as palavras e circule os encontros consonantais. Depois complete as frases com elas.

| psicólogo | subtração | técnico | opção |
| subterrâneo | advogado | gnomos | digno |

a) O .... de defesa pediu a opinião de um ....

b) Na conta de .... havia duas opções. Escolhi a .... errada!

c) O .... da seleção de basquete foi muito elogiado.

d) Todo ser humano é .... de respeito.

e) O metrô é um meio de transporte ....

f) Adoro histórias sobre .... e duendes.

2 Descubra no quadro as sílabas para completar as palavras abaixo. Depois escreva as palavras formadas.

| psi | obs | rup | ad | fec | sub |

| | mer | so |

| cor | | ção |

....

| | qui | a | tri | a |

| | tá | cu | lo |

....

| | mi | ra | ção |

| in | | ção |

....

3 Complete as palavras com uma consoante.

aspe............to   conce............ção   ba............téria
exce............cional   o............servação   nú............cias
o............jetivo   cara............terística   helicó............tero

4 Circule no diagrama dez palavras com consoante não acompanhada de vogal. Depois distribua-as conforme a consoante.

```
D  R  E  C  E  P  Ç  Ã  O  G  H  S  A
E  C  F  Z  S  U  B  M  A  R  I  N  O
A  I  I  N  D  I  G  N  A  Ç  Ã  O  H
T  E  C  N  O  L  O  G  I  A  G  T  B
P  H  G  V  I  G  N  O  R  A  N  T  E
A  D  J  E  T  I  V  O  Z  X  C  D  I
W  D  I  T  R  A  B  S  U  R  D  O  T
F  A  D  V  O  C  A  C  I  A  T  R  B
R  É  P  T  I  L  I  M  P  A  C  T  O
```

b: ....
c: ....
d: ....
g: ....
p: ....

De olho no dicionário

1 Faça a correspondência das palavras com seu significado. Se necessário, consulte o dicionário.

- subnutrição
- néctar
- telespectador
- pacto

- líquido adocicado produzido pelas plantas e colhido por insetos como as abelhas, que o utilizam para fazer mel
- estado ou condição de pessoa ou animal insuficientemente alimentado
- acordo ou compromisso assumido entre pessoas, grupos ou países
- quem assiste à televisão

2 Leia este verbete.

> **pseu.dô.ni.mo** *s.m.* Nome fictício adotado por um autor, artista etc. [...]
>
> **Minidicionário Houaiss da língua portuguesa**, de Antônio Houaiss. Rio de Janeiro: Objetiva, 2009.

a) Por que o verbete aparece separado por pontos?

_____

_____

b) Circule, nas frases a seguir, o pseudônimo.

- O escritor Sérgio Porto assinava seus livros com o nome de Stanislaw Ponte Preta.
- Arlete Pinheiro Esteves da Silva se tornou uma atriz famosa com o nome de Fernanda Montenegro.
- Lima Duarte, renomado ator mineiro, recebeu o nome Ariclenes Venâncio Martins quando nasceu.

3 Prepare-se para fazer um ditado! Escreva cada palavra em uma das colunas abaixo. Faça a correção consultando o dicionário.

Tenho certeza	Tenho dúvida

Capítulo 7 — Acento agudo, circunflexo e grave

Leia o texto e observe as palavras destacadas.

As plantas fixam-se no solo por meio das **raízes** e são capazes de produzir o **próprio** alimento. Elas retiram do solo a **água** e os sais minerais de que necessitam, e transportam essa seiva bruta **até** as folhas. Estas, por sua vez, absorvem o **gás carbônico** do ar e, graças à magia verde da clorofila e à energia da luz, a planta fabrica seu alimento. Nesse processo, as plantas verdes liberam no ar um **gás** muito precioso à nossa vida: o **oxigênio**!

A ecologia em pequenos passos, de François Michel. São Paulo: Companhia Editora Nacional, 2006.

Nas palavras **raízes**, **próprio**, **água**, **até** e **gás** há acento agudo ´ . Ele indica que a pronúncia das vogais **e** e **o** é aberta.

Nas palavras **carbônico** e **oxigênio** há acento circunflexo ^ . Ele indica que a pronúncia das vogais **e** e **o** é fechada.

Agora releia este trecho e observe o destaque na letra **a**:

"graças **à** magia verde da clorofila e **à** energia da luz, a planta fabrica seu alimento."

à magia (palavra feminina)   **à** energia (palavra feminina)
a + a   a + a

O acento grave sobre a vogal **a** indica que houve a fusão de **a + a**. Essa fusão é chamada de **crase**.
Não se usa acento grave antes de palavras masculinas.

Atividades

1) Leia o texto. Nas palavras destacadas faltam os acentos agudo ou circunflexo. Coloque-os corretamente.

> Os **gemeos identicos** ou univitelinos são chamados assim porque se desenvolveram a partir de uma **unica celula** ovo ou zigoto, que se dividiu dando origem a dois **bebes** com **caracteristicas fisicas** iguais ao nascer. Tanto **e** assim que **ate** mesmo o DNA deles **e** igual. Mas veja **so** que curioso: apesar de serem **copia** fiel um do outro, os **gemeos identicos tem** impressões digitais diferentes! [...]
>
> **Ciência Hoje das Crianças**, ano 26, n. 251. Rio de Janeiro: SBPC, nov. 2013.

a) Quais palavras do texto têm acento agudo? A pronúncia é aberta ou fechada?

....

....

b) No texto há palavras com acento circunflexo? Copie-as e indique se a pronúncia é aberta ou fechada.

....

2) Converse com os colegas e escreva o significado das palavras.

coco: ....

....

cocô: ....

....

camelo: ....

....

camelô: ....

....

caqui: ....

....

cáqui: ....

....

- Agora, complete as frases com as palavras da atividade.

    a) É falta de educação dos donos não recolher o .... que seus cachorros fazem na rua.

    b) Quando você for comprar um brinquedo no ...., verifique a qualidade do produto.

    c) O .... e o .... contêm vitaminas que nos ajudam a ter saúde.

    d) O .... retém a água que bebe por vários dias, por isso consegue viver no deserto.

    e) Amarelo, azul, verde e .... são algumas das cores que encontramos na natureza.

3 Leia as palavras dos quadros e complete as frases com elas.

> pais   país

a) O Brasil é o .... onde eu nasci. Meus .... nasceram em Portugal.

> no   nó

b) Márcia deu um .... apertado .... cadarço do tênis.

4 Escreva uma frase em que apareça pelo menos uma palavra com acento agudo e outra com acento circunflexo.

....

....

5 Troque **à** por **ao**. Veja o exemplo.

a) *Fui à escola.*
   Fui ao colégio.

b) Entreguei o livro **à** professora.
   Entreguei o livro .... professor.

c) Dei o recado **à** vizinha.
   Dei o recado .... vizinho.

d) Dirigiu-se **à** secretária.
   Dirigiu-se .... secretário.

6 Use o acento grave indicativo de crase quando necessário.

a) Cláudia foi **a** praia com seus pais.

b) Mônica andou **a** cavalo no sítio de seus tios.

c) Patrícia vai **a** biblioteca buscar um livro.

d) Luís ganhou um quadro pintado **a** óleo.

e) Ângela pediu **a** professora que contasse uma história.

s depois de l, n, r

1 Leia a frase.

> Durante a **conversa**, seu **pensamento** estava tão longe que Mariana nem viu quando sua **bolsa** caiu no chão.

• Copie as palavras destacadas nas colunas adequadas.

ls	ns	rs

Fique por dentro!

Quando o **s** aparece depois das consoantes **l**, **n** ou **r**, não precisa ser dobrado (**ss**) para ter som **sê**.

2 Em cada palavra, descubra a sílaba que falta. Depois, copie as palavras formadas.

con............guiu   profis............

cur............   can............ço

sal............cha   diver............

                             traves............ra

Capítulo 7 – Acento agudo, circunflexo e grave

3. Complete as palavras com **s** ou **ss**.

aniver......ário   man......o   ingre......o
depre......a   sen......ível   Cel......o
so......egado   a......unto   val......a
pul......o   can......ado   per......onagem
pê......ego   sen......ação   pá......aro

4. Circule no diagrama dez palavras com **s** ou **ss**. Depois escreva-as no quadro, separando suas sílabas.

R	G	Ã	N	Á	C	C	S	I	N	S	O	S	S	O
J	V	Ã	U	E	S	C	A	S	S	E	Z	R	Í	S
A	Ç	À	M	E	I	E	E	E	V	Â	Q	E	O	U
N	O	Ó	Z	Ç	Ô	Í	J	X	L	V	R	M	N	C
S	Z	Í	C	U	E	Y	Ò	P	B	Í	C	O	J	E
I	D	S	B	V	W	J	L	U	O	R	U	R	N	S
O	Ó	I	A	M	Ó	Q	Â	L	L	J	S	S	Â	S
S	U	Â	Í	Ô	O	S	O	S	S	E	G	O	W	O
O	Q	E	X	C	U	R	S	Ã	O	M	Ú	Ò	I	N
Ò	Ç	H	A	V	A	S	S	O	U	R	A	T	É	Ç

Palavras com **ss**	Palavras com **s** depois de **l**, **n**, **r**

Fique por dentro!

Só se usa **ss** entre vogais.
Na separação de sílabas, fica um **s** em cada sílaba.

Capítulo 8
Acentuação gráfica: monossílabos e oxítonas

Você sabe o que são raios? Leia o texto.

[...] Você **com** certeza **já viu** raios em dia **de** tempestade, **mas** talvez **não** saiba **que** eles **são** correntes elétricas similares **às** que circulam **nos** fios **dos** aparelhos que temos **em** casa — **só** que **bem mais** intensas. E, em **vez** de passar **por** um fio, **o** raio ocorre **na** atmosfera.

Ciência Hoje das Crianças. ano 21, n. 193, Rio de Janeiro: SBPC, ago. 2008.

Leia em voz alta os monossílabos destacados e verifique quais soam mais forte.

Os monossílabos podem ser tônicos ou átonos. Veja:

- **tônicos**: são pronunciados com forte intensidade.
  Por exemplo: já, viu, não, são, às, só, bem, mais, vez;

- **átonos**: são pronunciados com fraca intensidade.
  Por exemplo: com, de, mas, que, nos, dos, em, por, o, na.

Para acentuar as palavras corretamente, lembre-se destas regras:

- Acentuam-se todos os **monossílabos tônicos** terminados em **a**, **e**, **o** e seus plurais (**as**, **es**, **os**).

  Exemplos: lá, pás; fé, pés; dó, sós.

- Acentuam-se todas as **oxítonas** terminadas em **a**, **e**, **o**, **em** e seus plurais (**as**, **es**, **os**, **ens**).

  Exemplos: cajá, babás; você, bonés; cipó, avós; armazém, parabéns.

Os monossílabos átonos não são acentuados.

Atividades

1 Acentue as palavras quando necessário.

| frances | anel | parabens | patins |
| tambem | guarana | domino | gritar |

2 Leia as frases e complete-as com os monossílabos tônicos e átonos do quadro.

Monossílabos tônicos	Monossílabos átonos
dê	de
nós	nos

a) Paula, _____ um pedaço _____ bolo ao seu irmão, por favor.

b) _____ precisamos _____ organizar para fazer a pesquisa.

3 Leia as palavras oxítonas e os monossílabos tônicos do quadro.

Oxítonas		Monossílabos tônicos	
café	avó	má	só
refém	sofá	pé	pá

a) Circule a última sílaba das palavras oxítonas. Com que letra essas palavras terminam?

_____

b) Escreva todas as palavras do quadro no plural.

_____

c) Complete as regras de acentuação das oxítonas e dos monossílabos tônicos.

São acentuadas as _____ terminadas em **a(s)**, **e(s)**, **o(s)**, **em (ens)** e os _____ tônicos terminados em **a(s)**, **e(s)**, **o(s)**.

4 Leia esta tirinha e copie as palavras oxítonas.

ASE – Produzido sob licença do Instituto Ayrton Senna/Criadores: Rogério M. Martins e Ridaut Dias Jr.

....

....

....

○ Agora, complete as frases com palavras oxítonas da tirinha.

a) Quem nasce na França fala ....

b) Quem nasce na China fala ....

c) Quem nasce na Inglaterra fala ....

d) Quem nasce na Alemanha fala ....

e) Quem nasce no Japão fala ....

5 Complete as frases com os monossílabos tônicos do quadro.

| lá | pé | chá | Zé | há | já |

a) Na escola de Luana .... uma biblioteca. .... ela .... pesquisou muitos assuntos em livros e revistas.

b) Minha avó gosta de tomar .... de camomila à noite.

c) Igor tropeçou e machucou o ....

d) O apelido do irmão caçula de Júlia é ....

Capítulo 8 – Acentuação gráfica: monossílabos e oxítonas

6 Complete a cruzadinha com palavras oxítonas e monossílabos tônicos.

3 letras	4 letras	5 letras	6 letras	7 letras
rês	pajé	lilás	convés	vatapás
pás	sofá	porém	ananás	chaminé

7 Leia um texto sobre a infância de Alberto Santos Dumont, o inventor do avião.

A paixão pela Mecânica

O menino era muito ligado em máquinas, poucas naquela época. Enquanto o pai e os irmãos cavalgavam pela fazenda, ele passeava pelas instalações de beneficiamento de café. Lá aprendeu a operar e consertar as engenhocas mecânicas. Aos doze anos já dirigia a locomotiva que atravessava a propriedade. Todo esse conhecimento foi essencial para o garoto desenvolver suas "máquinas de voar".

[...]

Santos Dumont e o avião 14-Bis.

Alberto: do sonho ao voo, de José Roberto Luchetti. São Paulo: Scipione, 2005.

- Copie do texto as palavras monossílabas.

Ortografia

gu, qu

1 Leia.

> Inesperadamente, a minha tia Inês
> Soltou na rua o meu cãozinho **pequinês**,
> Mas foi-lhe perdoado
> esse grave pecado.
> O padre só disse: "Nunca mais **peque**, Inês!"
>
> **É isso ali: poemas adulto-infanto-juvenis**, de José Paulo Paes.
> São Paulo: Salamandra, 2005.

a) Pronuncie em voz alta as palavras destacadas no texto.

○ Nas palavras **pequinês** e **peque**, a letra **u**:

( ) é pronunciada.   ( ) não é pronunciada.

> **Fique por dentro!**
> Nos dígrafos do grupo **qu**, a letra **u** não é pronunciada.
> Exemplos: co**qu**eiro, **qu**eijo, **qu**ilo, mos**qu**ito.

b) Leia a frase em voz alta e observe.

Todas as **qu**artas-feiras tenho aula de artesanato.

(A letra **u** é pronunciada.)

> **Fique por dentro!**
> No grupo **qu**, o **u** é pronunciado quando vem antes de **a** ou **o**.
> Exemplos: **qu**adro, **qu**arto, **qu**órum, a**qu**oso.

Capítulo 8 – Acentuação gráfica: monossílabos e oxítonas

2 Leia as frases em voz alta.

> O za**gue**iro do time alegou estar com pre**gui**ça hoje.
> Que á**gua** fria!

- Complete.

    A letra **u** é pronunciada no grupo **gu** da palavra _____.

    A letra **u** não é pronunciada no dígrafo **gu** das palavras _____

    e _____.

> **Fique por dentro!**
> No dígrafo **gu**, a letra **u** não é pronunciada. A letra **u** é pronunciada quando vem antes de **a**.
> Exemplos: á**gu**ia, al**gu**ém, á**gu**a, **Gu**arujá.

3 Complete as palavras com **que**, **qui**, **gue**, **gui**.

a) Colo_____ o caderno na mesa e pe_____ o seu livro.

b) Meu carro en_____çou e gastei _____nhentos reais com o conserto.

c) Faltei às aulas por_____ estava com den_____.

d) _____lherme tem aula de _____mica _____nta-feira.

4 Leia as palavras e agrupe-as nas colunas correspondentes.

| aluguel | língua | guiar | guaraná |
| aquarela | esquecer | pesquisa | quadrúpede |

A letra **u** é pronunciada	A letra **u** não é pronunciada

5 Complete as frases com as palavras dos quadros.

| cheque | segue | barriguinha |
| chegue | seque | barriquinha |

a) Espero que minha encomenda _____ amanhã pelo correio.

b) A mãe deu beijo na _____ do bebê.

c) O rapaz pagou as compras com _____.

d) Meu avô armazenou o suco de uva caseiro na _____.

e) Pegue o pano e _____ o chão.

f) O cão _____ seu dono por toda a praça, mesmo sem coleira.

6 Complete a cruzadinha com palavras que têm as sílabas **gua** ou **qua**.

Capítulo 8 – Acentuação gráfica: monossílabos e oxítonas

7 Junte-se a um colega e, usando as sílabas do quadro, escrevam palavras com **qu** e **gu**.

gue	fo	a	quo	to	quin
zo	gua	ca	lin	gui	jo
que	ran	re	do	te	qua
san	tor	la	ta	ze	nho

8 Escreva os numerais por extenso.

4: .... 15: ....

40: .... 500: ....

400: .... 550: ....

9 Pesquise, em revistas e jornais, figuras de objetos cujos nomes são escritos com **qu** e **gu**. Recorte duas de cada e cole-as abaixo.

qu	gu

Capítulo 9
Acentuação gráfica: paroxítonas e proparoxítonas

Leia o texto e observe as palavras destacadas.

Dezembro

O mês de dezembro é o **décimo** segundo e **último** mês do ano. Tem 31 dias. Seu nome deriva de *December*, do latim, relativo ao **número** dez, décimo mês do calendário romano.

Almanaque Ruth Rocha, de Ruth Rocha. São Paulo: Salamandra, 2012. (Texto adaptado).

Observe a divisão silábica destas palavras:

dé-ci-mo   úl-ti-mo   nú-me-ro

Repare que elas são acentuadas na antepenúltima sílaba. Elas são **proparoxítonas**.

Para acentuar as palavras corretamente, lembre-se destas regras:

- Todas as palavras proparoxítonas são acentuadas.

  Exemplos: lâmpada, farmacêutico, mínimo, cômico, lúdico.

- Acentuam-se as paroxítonas terminadas em **i(is)**, **us**, **um**, **uns**, **l**, **n**, **r**, **x**, **ps**, **ã(s)**, **ão(s)**, ditongos orais, crescentes ou decrescentes, seguidos ou não de **s**.

  Exemplos: júri, lápis; bônus; fórum, álbuns; horrível; pólen; fêmur; tórax; bíceps; ímã, órfãs; órgão, mãos, vôlei, água.

Atividades

1 Leia esta curiosidade.

Como funciona a garrafa térmica?

Dentro dela seu chocolate quente não esfria, tampouco seu refresco esquenta, por maior que seja o calor do lado de fora. Você a carrega de um lado para o outro, mas nunca se pergunta: como é que funciona a garrafa térmica? Quanta injustiça...

A ação da garrafa térmica é pura física. Isso mesmo! O princípio básico desse utensílio doméstico é evitar as formas de transmissão de calor, que pode se dar com um objeto mais quente para um mais frio ou vice-versa.

[...]

Ciência Hoje das Crianças, ano 23, n. 210. Rio de Janeiro: SBPC, mar. 2010.

a) Copie do texto três palavras proparoxítonas.

b) Em que sílaba recai o acento delas?

c) Como se chama esse acento?

2 Leia as palavras.

círculo	esôfago	espaço	pônei
relâmpago	fácil	telefone	saúde

- Agora, copie:

   a) três proparoxítonas:

   b) três paroxítonas acentuadas:

   c) duas paroxítonas não acentuadas:

3 Aplique as regras que você aprendeu e acentue as palavras quando necessário.

Proparoxítonas	Paroxítonas
lampada	lapis
onibus	juri
matematica	menina
oculos	hamburguer
romantico	companheiro
quilometro	tenis
pessego	cachorrinha
gramatica	albuns

4 Encontre no diagrama oito palavras acentuadas e circule-as.

Q	N	I	Ç	C	Í	U	K	M	Á	G	I	C	O	Ã	C	P
V	A	Ç	Ú	C	A	R	V	Z	O	I	A	Ò	M	M	W	F
G	R	Á	T	I	S	L	T	Q	M	O	A	I	V	E	V	A
X	X	Ã	Õ	U	Z	A	Ó	F	Á	B	U	L	A	U	I	F
Ô	M	Á	Ç	F	M	Á	H	H	T	H	Q	K	F	Á	S	K
Q	P	R	Í	N	C	I	P	E	Ã	I	Q	A	Í	R	Í	A
B	Õ	V	Ê	É	F	Ó	X	H	Ó	O	F	V	Ó	O	V	A
Z	P	O	V	B	G	Í	H	V	Y	C	R	U	D	L	E	E
Õ	Ê	R	Á	Ó	Ú	U	G	Ó	A	Ã	W	A	U	C	L	Ô
H	Ê	E	I	E	Á	H	Ç	T	Á	X	I	Ú	Â	Y	J	S

- Agora, distribua as palavras encontradas na coluna correta.

Proparoxítonas	Paroxítonas

Capítulo 9 – Acentuação gráfica: paroxítonas e proparoxítonas

5 Leve as crianças até o reino das palavras encantadas seguindo pelo caminho das paroxítonas.

a) Agora, marque um **X** na opção correta.

No caminho certo as palavras paroxítonas:

◯ são acentuadas.   ◯ não são acentuadas.

b) Complete.

As palavras paroxítonas acentuadas terminam em _____.

Ortografia

j, g

1) Leia este trecho de uma notícia.

Inauguração de nova Gibiteca será realizada nesta terça em Guarujá

[...]

De acordo com informações da Prefeitura de Guarujá, os 2 mil gibis foram adquiridos por meio de uma campanha feita por servidores das bibliotecas da cidade. Durante a inauguração, a Gibiteca receberá apresentações de grupos de teatro e dança, além de outras atrações e jogos.

A Biblioteca Inclusiva, que foi reestruturada em 2009, já conta com conteúdo misto, ou seja, obras de literatura clássica, livros de diversas disciplinas, infantis e até material em Braille e em fonte ampliada para pessoas com baixa visão.

Disponível em: <http://g1.globo.com/sp/santos-regiao/noticia/2015/11/inauguracao-de-nova-gibiteca-sera-realizada-nesta-terca-em-guaruja-sp.html>. Acesso em: 3 fev. 2016. (Texto adaptado).

- Circule as palavras com **j** e **g** no trecho da notícia.

Fique por dentro!
Quando seguida de **e** ou **i**, a letra **g** tem o mesmo som de **j**.

2) Forme palavras da mesma família. Veja o exemplo.

ferro → *ferrugem, enferrujar, enferrujado*

projeto → ....

coragem → ....

viagem → ....

Capítulo 9 – Acentuação gráfica: paroxítonas e proparoxítonas

3 Complete as palavras com **g** ou **j**.

in......eção   Ar......entina   pro......eto   bei......o

á......il   dese......em   a......itado   gor......eta

mar......em   a......ência   ob......eto   ......ato

......incana   su......eira   ......irafa   mensa......em

4 Faça como no exemplo.

sujar → sujem

gotejar → ....   arranjar → ....

jejuar → ....   bocejar → ....

festejar → ....   desejar → ....

5 Circule no diagrama doze palavras com **j** e **g**.

D	F	U	J	Ã	O	N	M	J	E	I	T	O	S	O	E	S
D	E	S	A	J	E	I	T	A	D	O	A	R	R	B	X	R
A	C	G	E	L	E	I	R	A	O	R	T	Á	B	O	P	I
A	W	A	J	E	I	T	A	D	O	R	G	E	L	A	D	O
K	Z	S	E	A	F	G	E	U	F	U	G	I	T	I	V	O
G	E	L	A	D	E	I	R	A	X	A	J	E	I	T	A	R
F	G	D	E	S	C	O	N	G	E	L	A	R	R	S	Ã	F
Q	F	S	I	E	U	T	I	S	A	Z	F	U	G	I	R	S
Z	A	F	U	G	E	N	T	A	R	I	S	W	Q	E	J	A

○ Agora, agrupe as palavras da mesma família.

gelo	jeito	fuga

Ideias em ação

Observe esta obra de Tarsila do Amaral.

Operários, de Tarsila do Amaral, 1933.

Você já ouviu falar em Tarsila do Amaral?

A artista nasceu em Capivari, no estado de São Paulo, em 1886. Sua família era rica, o que lhe proporcionou estudar tanto em São Paulo quanto em Barcelona, na Espanha. Foi casada duas vezes, sendo uma delas com o escritor Oswald de Andrade.

Viveu no Brasil e na Europa e dedicou-se à pintura e à escultura.

Pintava temas regionais, paisagens e personagens brasileiros seguindo as tendências modernistas.

Tarsila do Amaral faleceu em São Paulo, em 1973.

1 A obra de Tarsila do Amaral que você viu chama-se **Operários**.

a) Separe as sílabas da palavra **operários** e classifique-a quanto ao números de sílabas.

_____

_____

b) A palavra **operários** tem um encontro vocálico. Classifique-o.

_____

_____

c) Classifique a posição da sílaba tônica dessa palavra.

_____

_____

d) Que acento essa palavra leva?

_____

_____

2 Leia o nome destas outras obras de Tarsila do Amaral e reescreva-as em ordem alfabética.

| O mamoeiro | Morro da favela | Palmeiras |
| Abaporu | Autorretrato | Vendedor de frutas |

_____

_____

_____

_____

Capítulo 1 — Sinais de pontuação I

Leia o texto, observando os sinais de pontuação.

Você sabia que alguns dinossauros não mastigavam os alimentos?

Mastigue bem! Não faz bem engolir a comida aos pedaços porque atrapalha a digestão. Concorda? Para os humanos, mastigar os alimentos é fundamental. Mas, entre os dinossauros, animais que viveram na Terra há milhões de anos, isso não valia, não. Eles engoliam seus alimentos picotados, amassados ou aos pedaços mesmo, alguns sem mastigar nadica de nada!

Ciência Hoje das Crianças, ano 28, n. 270. Rio de Janeiro: SBPC, ago. 2015.

Os sinais de pontuação têm a função de organizar a escrita, facilitar a leitura e possibilitar a compreensão do texto.

Observe os seguintes sinais de pontuação.

Ponto-final

Indica final de frase cujo sentido está completo.

Ponto de interrogação

Indica uma pergunta.

Ponto de exclamação

Indica espanto, surpresa, admiração.

Vírgula

Separa:
- palavras ou expressões numa enumeração;
- chamamento;
- local e data;
- endereço e número.

Indica pausa.

Introduz uma explicação.

1 Leia o texto e coloque a pontuação correta, segundo o código.

. , ? !

Espertezas da Dona Onça

Quando a Emília fica irritada, pode virar uma onça ( ) Você já viu alguém virar uma onça ( ) Claro que não ( ) Isso é uma maneira de dizer e significa que a pessoa fica brava como o mais feroz dos mamíferos brasileiros ( ) a onça-pintada ( ) também chamada de jaguar ( )

Ela é da família dos felinos e ( ) como o gato-do-mato e a jaguatirica ( ) está ameaçada de extinção ( ) É que existem cada vez menos lugares nos quais ela pode viver ( )

A onça é feroz, sim, mas raramente ataca o homem ( ) Quando tem fome, procura, sempre à noite, animais como capivaras ( ) macacos ( ) pacas e veados ( ) Às vezes, sai do mato e ataca os animais da fazenda ( )

Dona Onça é cheia de truques ( ) Por exemplo, para caçar macacos que, por sinal, não param no lugar ( ) ela fica deitada no chão ( ) bem escondida ( ) sem se mexer ( ) Aí, o macaco chega perto e ela... zás ( )

[...]

Bichos brasileiros, de Federico Mengozzi. São Paulo: Globo, 2010.

2 Escreva o que se pede, empregando a vírgula.

a) Cidade onde você mora e a data de hoje.

b) O endereço da escola onde você estuda.

3 Leia este texto.

> Há uma marchinha carnavalesca que diz:
> **Quem foi que inventou o Brasil?**
> **Foi seu Cabral, foi seu Cabral!**
> É verdade! Os portugueses "inventaram" o Brasil, mas o Brasil já estava aqui mesmo: cheio de ==índios, com suas aldeias, seus costumes, danças, religião, comidas==... as crianças brincando e aprendendo com os mais velhos...
>
> **Almanaque Ruth Rocha**, de Ruth Rocha. São Paulo: Salamandra, 2012.

- Assinale a opção correta.

No trecho destacado com amarelo, a vírgula foi usada para:

◯ dar uma explicação.

◯ mostrar as ações realizadas por alguém.

◯ separar as palavras em uma sequência.

4 Leia o poema e insira os sinais de pontuação abaixo.

 **vírgula** para separar os nomes de chamamento

? **ponto de interrogação** para indicar perguntas

Oi

Oi___ Dona Maria.
Como vai sua tia___

Oi___ Dona Salomé.
Como vai seu pé___

Oi___ Dona Leonor.
Acabou aquele horror___

Oi___ Dona Nazaré.
Dá para fazer
　　　[um café___

Oi___ Dona Severina.
Me dá uma tangerina___

Oi___ Dona Flor.
A senhora é um amor!

Oi___ Seu Eliezer.
Como vai a sua
　　　[mulher___

Oi___ Seu João.
Melhorou a mão___

Oi___ Seu Manuel.
Cadê o seu chapéu___

Oi___ Seu Amadeu.
Aquele livro é seu
　　　[ou é meu___

Oi___ Seu Godoy.
Onde é o dodói___

Oi___ Seu Lima.
Agora acabou a rima.

Poesias, rimas e outras coisas mais..., de James Misse. São Paulo: Pé da Letra, 2007.

ar, er, ir, or, ur

1 Leia mais um trecho sobre os dinossauros.

> [...] Os **dinossauros saurópodes**, como os **titanossauros**, **eram herbívoros** e deviam **picotar** as folhas, o que é bem **diferente** de **mastigar**, pois as plantas **eram ingeridas** quase **inteiras**, somente com pequenos **furos**. Também podiam **engolir grandes** quantidades de vegetais que, uma vez no estômago, **eram triturados** pelos **gastrólitos** — pequenas **pedras ingeridas para facilitar** a digestão. [...]
>
> **Ciência Hoje das Crianças**, ano 28, n. 270. Rio de Janeiro: SBPC, ago. 2015.

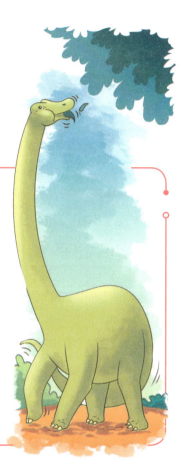

2 Todas as palavras destacadas no texto apresentam **r**. Copie somente as palavras que têm **r** no final das sílabas.

3 Junte-se a um colega, mudem a posição das letras e descubram, pelo menos, outras duas palavras.

PORTA

METRO

4 Circule as sílabas que formam o nome de cada figura. Depois escreva o nome formado.

| por | gar | ti | la | lar | da | xa |

....

| for | vor | so | nir | ur | ga | sa |

....

| do | par | mar | le | dar | rur | o |

....

5 Encontre e circule, no diagrama, dez nomes de pessoas com **ar**, **er**, **ir**, **or** ou **ur**.

A	Z	A	M	P	I	C	D	K	C	B	S	F	L
R	R	M	I	H	U	M	B	E	R	T	O	E	E
T	R	A	G	P	E	T	S	I	Z	Y	W	R	O
U	E	G	O	T	A	A	J	O	R	G	E	N	N
R	D	A	R	L	E	N	E	N	L	B	I	A	A
O	O	F	O	A	A	C	A	O	I	O	Z	N	R
N	A	Z	U	M	A	R	T	A	M	A	A	D	D
C	L	É	B	E	R	E	Ú	R	S	U	L	A	O

○ Agora escreva, em ordem alfabética, os nomes que você encontrou.

1. ....
2. ....
3. ....
4. ....
5. ....
6. ....
7. ....
8. ....
9. ....
10. ....

Capítulo 1 – Sinais de pontuação I

6 Escreva as palavras que o professor vai ditar. Se você souber a grafia correta, escreva-a na coluna "Tenho certeza"; se não tiver certeza, escreva-a na coluna "Tenho dúvida".

Tenho certeza

Tenho dúvida

- Agora, faça a correção do ditado. Confira no dicionário se as palavras que você escreveu estão corretas. Se você errou alguma, reescreva-a abaixo.

Capítulo 2 — Sinais de pontuação II

Leia esta fábula prestando atenção em todos os sinais de pontuação.

O leão e o javali

Num dia quente de derreter, no alto verão, o leão e o javali tiveram a mesma ideia: beber água no lago! Eles chegaram ao mesmo tempo ao mesmo lugar.

— Eu vou primeiro — urrou o leão.

— *Hayi khona*! Não, você não vai! — retorquiu o javali.

O leão rugiu, ameaçando o javali com suas garras. Mas o pequeno camarada recuou e atacou com suas presas. Eles se engalfinharam, assim e assado. Parecia que iam destroçar um ao outro até a morte quando, arquejando, pararam para respirar.

O ar estava pesado. Acima da copa das árvores ao redor do lago, cada qual viu um círculo de urubus aguardando em silêncio. A cena paralisou os dois. Eh!

— É melhor sermos amigos — resmungou o leão.

— *Yebo*, meu velho — concordou o javali. — Quem quer brigar e virar comida de urubu?

É mais garantido ser amigo do que inimigo.

Fábulas de Esopo, de Beverley Naidoo. Tradução de Isa Mesquita. São Paulo: Edições SM, 2011.

Hayi khona **(em zulu):** de modo algum.
Yebo **(em zulu):** sim.

Você já estudou alguns sinais de pontuação. Veja abaixo outros sinais de pontuação que costumam aparecer nos textos.

Dois-pontos :

- Indicam que alguém vai falar.
- Introduzem uma explicação.

"[...] o leão e o javali tiveram a mesma ideia: beber água no lago!"

Travessão —

- Indica a fala de alguém.
- Separa a fala do personagem da fala do narrador.

"— Eu vou primeiro — urrou o leão."

Reticências ...

- Indicam uma interrupção da fala ou do pensamento.

O leão e o javali olharam para o céu...

Ponto e vírgula ;

- Indica uma pausa maior que a da vírgula.

O leão e o javali chegaram juntos ao lago; eles queriam beber água fresca.

Parênteses ( )

- Separam palavras ou frases, para dar explicação ou chamar a atenção.
- Destacam datas.

Yebo (em zulu) significa sim.

Aspas " "

- Indicam a fala ou o pensamento de alguém.
- Destacam a citação de um texto.

O javali disse ao leão: "*Yebo*".

Atividades

1 Releia o texto **O leão e o javali** e circule o sinal que é usado no início da fala do leão e do javali.

- Qual é o nome desse sinal?

_____

2 Releia o primeiro parágrafo.

> "Num dia quente de derreter, no alto verão, o leão e o javali tiveram a mesma ideia: beber água no lago! Eles chegaram ao mesmo tempo ao mesmo lugar."

- O sinal dois-pontos (:) foi usado:

   ○ para dar início a uma enumeração.

   ○ para indicar uma explicação do narrador.

3 Copie uma frase da fábula em que apareça o ponto de interrogação.

_____

_____

4 Converse com os colegas sobre a fábula. Em seguida, usando-a como assunto, escreva um breve comentário sobre o que achou da moral da história, usando parênteses e dois-pontos.

Capítulo 2 – Sinais de pontuação II

5 Leia o texto e observe os sinais de pontuação destacados.

> Cheguei em casa aborrecido (tinha de encontrar os ingressos do jogo que o Zeca havia deixado comigo) e fui correndo para o meu quarto. Enquanto procurava no meio da bagunça, pensava: "Como vou explicar ao Zeca que perdi os ingressos?".

- Complete.

( ) Estes são os _____.

Eles indicam:
○ uma explicação.   ○ surpresa, alegria.

" " Estas são as _____.

Elas indicam:
○ uma afirmação.   ○ o pensamento de alguém.

6 Leia estes dois textos.

> Hoje (7 de setembro), comemoramos o Dia da Independência. O dia começou ensolarado (nem lembra o tempo chuvoso de ontem), e eu pensei: "O tempo está colaborando para o sucesso do desfile da escola.".

> Carlos gosta muito de provérbios. Entre tantos outros, copiou este em seu caderno: "Amor com amor se paga.".

- Agora, copie dos textos:

a) uma data entre parênteses: _____

b) uma frase explicativa entre parênteses:
_____

c) uma frase entre aspas com o pensamento da personagem:
_____

d) uma frase entre aspas, indicando citação de texto:
_____

7 Leia as frases e insira parênteses ou aspas nas situações pedidas.

a) Para destacar ou isolar palavras explicativas.

A palavra **deletar** do inglês quer dizer "apagar, eliminar".

b) Para destacar datas.

Monteiro Lobato 1882-1948 foi o criador do Sítio do Pica-Pau-Amarelo.

c) Para marcar a citação de um texto ou uma fala.

Ao se despedir, o professor abraçou a todos e disse: Boas férias! .

8 O texto abaixo está sem pontuação. Empregue estes sinais corretamente.

(!) ponto de exclamação   (:) dois-pontos

(" ") aspas   (.) ponto final

(,) vírgula   (...) reticências

Dona galinha e o ovo de Páscoa

Que dia gostoso De sol Quentinho Dona Galinha até pensou Hoje está bom para um passeio . Então empurrou o portão do galinheiro com o bico e saiu para dar uma voltinha

Cisca daqui cisca dali dona Galinha deu de cara com uma coisa brilhante muito estranha Parecia um ovo O ovo mais bonito que ela já vira em sua vida

Dona galinha e o ovo de Páscoa, de Eliana Sá. São Paulo: Scipione, 2010. (Texto adaptado).

Ortografia

o, u; e, i

1 Leia estas palavras prestando atenção na vogal final.

- Complete as palavras das frases com **o** ou **u**.

   a) O livr_____ de cont_____s que ganhei d_____ meu ti_____ é fantástic_____.

   b) A tab_____ada do oit_____ é muit_____ fácil.

   c) O cã_____zinh_____ de Lúci_____ tem o f_____cinh_____ esc_____r_____.

   d) Eu ador_____ minga_____ de aveia.

2 Reescreva as palavras conforme o código.

○ Agora, complete as frases com algumas das palavras formadas.

a) Ele leu o .... nos classificados do jornal.

b) O locutor .... na rádio que o torneio seria adiado.

c) Assim que o ator .... a apresentação, sua voz falhou; ele estava ....

d) A .... daquele .... escondido atrás da árvore .... é enorme.

e) O .... terminou a consulta e .... a mãe do paciente sobre o diagnóstico.

3 Compare estas palavras.

tap**e**te

pal**e**tó

palavras com **e**

esqu**i**sito

cr**i**ança

palavras com **i**

Fique por dentro!
Na fala, muitas vezes pronunciamos **i** no lugar de **e**.

○ Agora, leia as frases e complete as palavras com **e** ou **i**.

a) Muita gent......... esquec......... o guarda-chuva aonde vai.

b) O p......r......quito é uma av......... de cor verd........., amarela e azul.

c) Eu sinto arr.........p.........o quando vejo lagart.........xas.

d) Os present.........s deixaram o aniversariant......... sorrident......... .

e) Não há mais .... spaço em meu .... stojo para tantos clip.........s.

Capítulo 2 – Sinais de pontuação II

4 Reescreva as palavras segundo o código.

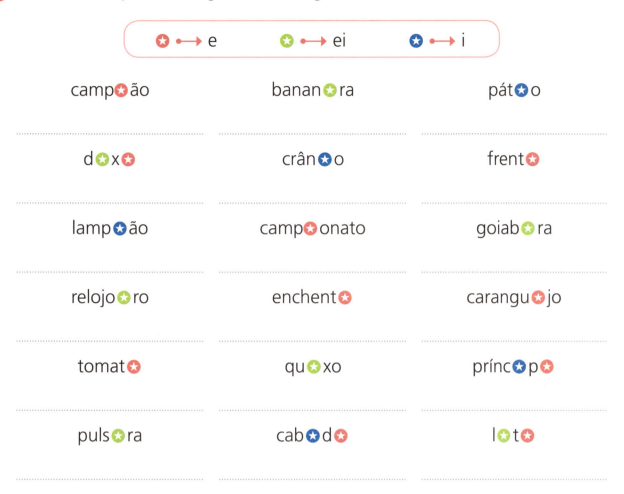

⭐(vermelha) → e   ⭐(verde) → ei   ⭐(azul) → i

camp⭐ão	banan⭐ra	pát⭐o
d⭐x⭐	crân⭐o	frent⭐
lamp⭐ão	camp⭐onato	goiab⭐ra
relojo⭐ro	enchent⭐	carangu⭐jo
tomat⭐	qu⭐xo	prínc⭐p⭐
puls⭐ra	cab⭐d⭐	l⭐t⭐

5 O que é, o que é? Escreva.

a) Fechadura portátil com argola em forma de U. Tem a letra **e** na antepenúltima sílaba.

....

b) Pequena refeição. Tem a letra **e** na última sílaba.

....

c) Pequeno terreno com casa no campo. Tem a letra **i** nas duas sílabas.

....

d) Tipo de energia utilizada para fornecer luz, movimentar máquinas, etc. Tem a letra **e** no início e no final.

....

No dia a dia

Leia os quadrinhos.

Zé Carioca. São Paulo: Abril, n. 2 333, 2009.

- Reescreva a história em quadrinhos em prosa. Escreva as falas do narrador e o diálogo dos personagens usando o travessão no início das falas.

Capítulo 3 — Sinais gráficos

Leia os versos deste poema.

O Zigue e o Zague

O Zigue e o Zague
Seguiam sem direção.

É por aqui?
Por aqui, não!

E sumiram no horizonte
Sem chegar à conclusão.

Tigres no quintal, de Sérgio Capparelli. São Paulo: Global, 2008.

Repare que nas palavras **direção**, **não** e **conclusão** há um sinal chamado til ~ sobre a vogal **a**.

Usa-se o **til** sobre as vogais **a** e **o** para indicar o som nasal dessas vogais.

Observe o sinal gráfico colocado sob a letra **c** na palavra **direção**.

Chama-se **cedilha** ⸴ o sinal gráfico colocado sob a letra **c** para indicar o som **sê** antes de **a**, **o** e **u**.

Veja o emprego de outros sinais gráficos.

Apóstrofo

> Bebi um copo **de água**.
> Bebi um copo **d'água**.

> **Apóstrofo** ' é o sinal que indica a retirada de uma letra da palavra.

Hífen -

É usado para:

- ligar palavras compostas:

> conta-gotas   segunda-feira   bem-te-vi

- ligar o pronome ao verbo:

> Entreguei-lhe o livro   Pegue o lixo e coloque-o no cesto.

- separar as sílabas das palavras:

> am-bi-en-te   ad-je-ti-vo   in-te-res-san-te

Trema ¨

É usado:

- nos nomes próprios estrangeiros e seus derivados:

> Bündchen   Müller ⟶ mülleriano

- em dicionários, para indicar que a letra **u** é pronunciada:

> **aguentar** \gü\ *v.* {mod. 1} *t.d.* **1** sustentar (carga, peso etc.) **2** tolerar, suportar **3** manter a sobrevivência de; sustentar ◆ *t.d. e int.* **4** resistir, suportar ◆ *pron.* **5** manter-se, conservar-se (a.-se na presidência)
>
> **Minidicionário Houaiss da língua portuguesa**, de Antônio Houaiss. Rio de Janeiro: Objetiva, 2009.

1 Leia a parlenda e coloque a cedilha.

Uma pulga na balança
Deu um pulo
Foi à França.

Parlenda popular.

2 Vamos rimar? Complete com mais palavras com **til** e **ç**.

arrum**ação**	recep**ção**

○ Escolha uma palavra de cada coluna e forme uma única frase com elas.

3 Use o hífen para separar as sílabas das palavras.

caminhão: .... pessoal: ....

arroz: .... lençol: ....

pitangueira: .... cheque: ....

adjetivo: .... excelente: ....

floreira: .... sonhador: ....

4 Que sinal gráfico é usado na expressão abaixo? Explique para que ele serve.

> vozes d'África

5 Procure ao menos mais um exemplo em que o apóstrofo é empregado, como no caso acima.

6 Junte uma palavra de cada quadro e forme palavras com hífen.

beija	retratos
guarda	flor
arco	sol
vaga	íris
porta	lume

○ Escolha duas palavras formadas na atividade e crie uma frase para cada uma delas.

7 Leia a informação.

Alface-d'água, salvínia, vitória-régia, aguapé, algas... esses são só alguns tipos de plantas que vivem na água! Se você já passou por algum rio ou alguma lagoa, ou se já foi à praia, deve ter reparado em alguns desses seres verdinhos brotando em ambientes molhados. Como a água cobre mais da metade do planeta, você pode imaginar que existem milhares de espécies de plantas aquáticas. Quem as estuda é um cientista apaixonado por investigar o mundo verde escondido nas profundezas da imensidão azul: o botânico de plantas aquáticas! [...]

Ciência Hoje das Crianças, ano 28, n. 270, ago. 2015.

○ Agora, escreva o que se pede.

a) O sinal gráfico usado na palavra **alface-d'água** para indicar a retirada da letra **a** chama-se ....

b) Copie as palavras com hífen.

c) Pesquise alguns nomes de flor em que se usam hifens.

d) Escreva alguns nomes de animais que se escrevem com hifens.

Capítulo 3 – Sinais gráficos

Ortografia

meio/meia

1 Leia os balões e observe a palavra destacada.

- Agora, complete as frases com **meio** ou **meia**.

  a) Este sapato está .... apertado para mim.

  b) O jogador ficou .... nervoso com o pênalti.

  c) Tomei só .... dose do remédio.

  d) Minha irmã está .... zangada comigo.

  e) Era meio-dia e .... quando Carol chegou ao aeroporto.

2 Escreva uma frase com cada expressão.

  a) meio cansada

  ....

  b) meia-noite

  ....

Capítulo 4 — Tipos de frase

Leia o trecho do diário de um menino que tinha a sensação de ser tratado como um menino invisível.

1º dia

Não sei por que, mas sempre tive a sensação de ser tratado como um menino invisível, por isso resolvi escrever este diário.

Você já leu algum diário escrito com uma mão e duas cabeças?

Acredito que não, mas depois que você ler, vai entender o que estou dizendo.

Meu nome é Bernardo, mas sou mais conhecido como "Fantasminha".

Eu não tinha superpoderes, mas sempre desconfiei que tinha pelo menos um, o poder da invisibilidade.

Na minha casa era assim, eu passava o dia inteiro na escola e quando voltava pra casa, meus pais, quando eles estavam em casa, não me enxergavam.

Meu pai ficava no computador e minha mãe no celular.

Às vezes eu tentava falar. Dava um aceninho com a mão, mas ninguém me via.

Quando insistia dizendo, manhê...

— Pega no armário! — ela apontava sem olhar pra mim.

E só para provar minha invisibilidade, eu abria a porta da geladeira e ninguém notava a diferença entre armário e geladeira.

Meu poder de invisibilidade só não funcionava com o meu avô Zeca, pois ele só tinha olhos pra mim.

Quando ele chegava em casa, era uma festa, sempre me trazia livros e doces.

Mas depois de um tempo, meu avô Zeca foi quem se tornou invisível, ele morreu e eu não pude mais vê-lo. [...]

Diário de um fantasminha, de Adeilson Salles. São Paulo: Intelítera, 2015.

Leia em voz alta estas frases retiradas do texto.

"Meu nome é Bernardo" — É uma afirmação.

"Eu não tinha superpoderes" — É uma negação.

"Você já leu algum diário escrito com uma mão e duas cabeças?" — É uma pergunta.

"— Pega no armário!" — É uma ordem.

As frases interrogativas, exclamativas e imperativas também podem ser afirmativas ou negativas. Veja:

Será que Bernardo é invisível? ⟶ interrogativa afirmativa
Bernardo não é invisível? ⟶ interrogativa negativa

Que bom que sou invisível! ⟶ exclamativa afirmativa
Nossa, Bernardo não pode ser invisível! ⟶ exclamativa negativa

Abra a porta da geladeira! ⟶ imperativa afirmativa
Não abra a porta da geladeira! ⟶ imperativa negativa

Fique por dentro!

As frases imperativas afirmativas, geralmente, começam com **verbo**.
As frases imperativas negativas apresentam a palavra **não** antes do verbo.

1. Faça a correspondência numerando as frases.

   1) afirmativa

   2) negativa

   3) exclamativa

   4) interrogativa

   5) imperativa

   ( ) Então essa palavra é mágica?

   ( ) Use este truque sempre!

   ( ) Agora estou muito feliz!

   ( ) Vou lhe ensinar um truque.

   ( ) Paulinho não queria sorrir.

2. Observe a imagem e, com base nela, crie frases conforme as indicações abaixo.

   a) afirmativa: ....

   b) negativa: ....

   c) interrogativa: ....

   d) exclamativa: ....

   e) imperativa: ....

3 Leia esta tirinha e copie a frase imperativa.

Garfield: um gato de peso, de Jim Davis. Porto Alegre: L&PM, 2006.

4 Escreva algumas frases sobre a ilustração abaixo. Utilize os tipos de frase que você aprendeu.

Ortografia

r, rr

1 Releia estas frases do livro **Diário de um fantasminha**. Observe nas palavras destacadas como a letra **r** é pronunciada.

> "[...] **por** isso **resolvi escrever** este **diário**."
> "meu avô Zeca foi quem se **tornou** invisível, ele **morreu** [...]"

- Complete a informação.

  A letra _____ aparece em diferentes posições nas palavras acima. Dependendo da sua posição, ela tem som _____ ou _____.

2 Distribua as palavras destacadas acima no quadro a seguir.

- Agrupe as palavras de acordo com a posição do **r**.

r inicial	rr entre vogais	r entre vogais	consoante + r	r em final de sílaba

3 Separe as sílabas das palavras. Depois circule a letra **r**.

natureza: _____   processo: _____

carreta: _____   socorro: _____

pedras: _____   prato: _____

tarefa: _____   cerrado: _____

rabinho: _____   girassol: _____

Capítulo 4 – Tipos de frase

4 Leia a fábula e faça o que se pede.

A gansa dos ovos de ouro

Um homem e sua mulher tinham a sorte de possuir uma gansa que todo dia punha um ovo de ouro. Mesmo com toda essa sorte, eles acharam que estavam enriquecendo muito devagar, que assim não dava. Imaginando que a gansa devia ser de ouro por dentro, resolveram matá-la e pegar aquela fortuna toda de uma vez. Só que, quando abriram a barriga da gansa, viram que por dentro ela era igualzinha a todas as outras. Foi assim que os dois não ficaram ricos de uma vez só, como tinham imaginado, nem puderam continuar recebendo o ovo de ouro que todos os dias aumentava um pouquinho sua fortuna.

Moral: não tente forçar demais a sorte.

Fábulas de Esopo. Compilação de Russell Ash e Bernard Higton. Tradução de Heloisa Jahn. São Paulo: Companhia das Letrinhas, 2015.

○ Copie da fábula as palavras que apresentam:

a) letra **r** no início da palavra (como em **r**ua).

b) letra **r** entre vogais (como em ca**r**eta).

c) letras **rr** (como em ca**rr**o).

d) consoante + r (como em **gr**ito).

e) letra **r** em final de sílaba.

Capítulo 5 — Sinônimo e antônimo

Leia.

Joana explicou aos colegas de classe que, antes, ela morava em um bairro muito **distante** do centro da cidade. Então mudou-se para um lugar mais central, só que **afastado** da escola.

Agora ela mora **perto** do centro da cidade, mas **longe** da escola em que estuda.

Observe.

distante e **afastado** têm sentido semelhante ⟶ são **sinônimos**

perto e **longe** têm sentido oposto ⟶ são **antônimos**

> Palavras com significado semelhante são chamadas de **sinônimos**.
> Palavras com significado oposto são chamadas de **antônimos**.

Leia as frases e observe as palavras destacadas.

O Sol **aparece** e **desaparece** atrás das nuvens.

Você disse que era **possível** chegarmos a tempo e agora diz que é **impossível**?

Ontem a turma estava **quieta**, mas hoje está tão **inquieta**!

Podemos formar muitos antônimos colocando **des-**, **im-** ou **in-** no início das palavras. Veja:

aparece ⟶ **des**aparece   possível ⟶ **im**possível   quieta ⟶ **in**quieta

Atividades

1 Leia esta curiosidade.

Qual é a cor do Sol?

Cecília Ramos Nogueira
Goiânia – GO

O Sol é uma estrela amarela. A cor das **estrelas varia** dependendo da temperatura em sua superfície. As mais quentes são azuladas e as mais frias, avermelhadas. A temperatura na superfície do Sol é de até 6 mil graus Celsius e, em seu interior, de até 15 milhões de graus. Não se deve **olhar** para o Sol sem proteção porque os raios solares podem **prejudicar** os olhos.

Recreio, São Paulo, Abril, ano 10, n. 513, 30 dez. 2009.

a) Reescreva os trechos abaixo, substituindo as palavras destacadas pelos sinônimos do quadro. Faça as adaptações necessárias.

| ferir | observar | astros luminosos | muda |

"A cor das **estrelas varia** dependendo da temperatura em sua superfície."

....

....

"Não se deve **olhar** para o Sol sem proteção porque os raios solares podem **prejudicar** os olhos."

....

....

b) Reescreva a frase do texto em que há palavras antônimas e circule-as.

....

....

2 Complete os ditados populares com o antônimo das palavras destacadas.

a) Quem ama o **feio** _____ lhe parece.

b) Antes **só** que mal _____.

c) Quem **dorme** com cão _____ com pulgas.

d) Os **últimos** serão os _____.

e) Água **mole** em pedra _____ tanto bate até que fura.

f) Quem **tudo** quer _____ tem.

3 Complete as frases com o antônimo das palavras destacadas.

Fique por dentro!
Para formar antônimos, podemos usar **des-**, **im-** ou **in-** antes da palavra.

a) Você **obedece** ou _____ aos seus pais?

b) Até ontem ela estava **empregada**, mas hoje está _____.

c) Sou **capaz** de vencer o jogo; portanto, não digam que sou _____!

d) João é muito **paciente**, já Pedro é tão _____ com tudo!

e) Meu quarto está **arrumado**, mas o do meu irmão está _____.

4 Reescreva as frases, substituindo o termo destacado por um sinônimo.

a) Meu time **venceu** o jogo.

....

b) O professor está muito **atarefado**.

....

c) Paulo **fabrica** brinquedos de madeira.

....

d) Dona Laura **conduziu** os filhos à escola.

....

e) Débora **narrou** a história para os colegas.

....

5 Leia o poema e circule os pares de antônimos, usando uma cor para cada par.

Coisa fina

Sobe, desce.
Desce, sobe.
Para, sobe
e desce,
sem cansar,
sem descansar,
em tempo bom,
em tempo ruim.

Não é avião,
não é foguete,
não é balão,
não é neblina.

É coisa fina.
Sobe, desce
e não desaparece.

Remar, rimar, de Teresa Noronha. São Paulo: Scipione, 2010.

De olho no dicionário

1 No dicionário, é possível encontrar um ou mais sinônimos e antônimos das palavras. Observe o verbete.

> **natural** *adj.* na-tu-*ral*. **1** Que faz parte da natureza de uma pessoa, animal ou coisa. *A alegria é um traço natural da personalidade deste menino.* ◆ sinônimo: próprio, característico. ◆ antônimo: artificial. **2** Que está presente na natureza ou que é produzido por ela. *O Rio de Janeiro tem grande beleza natural.* ◆ antônimo: artificial. **3** Que se espera que ocorra no curso normal dos acontecimentos. *A chuva, o vento, o trovão e o raio são fenômenos naturais.* ◆ antônimo: artificial. **4** Que é conforme a ordem como as coisas ocorrem. *É natural que você esteja cansado depois de correr tanto.* ◆ sinônimo: normal. **5** Que nasceu em uma cidade, um estado. *Júlio é natural do Espírito Santo.* ◆ sinônimo: nativo ◆ pl.: naturais ◆ masc. e fem.: natural.
>
> **Dicionário ilustrado de português**, de Maria Teresa Camargo Biderman. São Paulo: Ática, 2004.

○ Agora, faça o que se pede.

a) Qual é o número de significados da palavra natural? ....

b) Na frase "Renata é natural da Bahia, mas mora na Paraíba.", a palavra .... indica que ela nasceu na ....

c) Escreva o antônimo da palavra destacada.

satélite **natural** ⟶ satélite ....

d) Qual é o significado da palavra **natural** na frase abaixo?

A paisagem natural do lugar onde moro é imensa.

....

....

....

2 Agora que já vimos que **artificial** é o antônimo de **natural**, faça o que se pede.

a) Procure no dicionário a definição de **artificial**.

_____

_____

_____

b) Na frase "Aquele vaso contém plantas artificiais", a palavra _____ indica que as plantas não são _____.

c) Complete a frase: "A Lua é um satélite _____, diferente daqueles que são produzidos pelo ser humano, considerados satélites _____.

d) Crie uma frase que contenha a palavra **artificial** e seu antônimo.

_____

_____

3 Leia as dicas abaixo e descubra as palavras.

a) Antônimo de **devagar**. A palavra tem o dígrafo **ss**. A palavra é: _____.

b) Sinônimo de **solo**. A palavra é monossílaba e começa com o dígrafo **ch**. A palavra é: _____.

c) Antônimo de **desmatar**. A antepenúltima sílaba da palavra tem **fl**. A palavra é: _____.

d) Antônimo de **acima**. A palavra tem **x** na última sílaba. A palavra é: _____.

e) Sinônimo de **silencioso**. A palavra começa com o dígrafo **qu**. A palavra é: _____.

f) Antônimo de **honesto**. A palavra tem **s** entre vogais. A palavra é: _____.

Ortografia

s, z entre vogais

1 Leia os quadrinhos a seguir. Preste atenção nas palavras destacadas.

Boule & Bill: a turma do Bill, por Verron a partir de Roba. Tradução de Fernando Scheibe. São Paulo: Nemo, 2013.

- Agora, releia as palavras destacadas em voz alta, observando o som das letras **s** e **z** entre vogais. Depois complete a informação.

Quando está entre vogais, a letra **s** tem o mesmo som de ....

Capítulo 5 – Sinônimo e antônimo

2 É com **s** ou com **z**? Complete as lacunas.

ca_____amento   nature_____a   pão_____inho   prince_____a

cafe_____inho   a_____a   blu_____ão   bele_____a

cami_____eta   a_____arado   me_____ada   on_____e

- Consulte o dicionário e confira suas respostas.

3 Escreva as frases ao lado da figura correspondente.

a) O vaso está sobre a mesa.

b) Zélia verifica seu peso na balança.

c) O menino colocou uma dúzia de bananas na sacola.

d) Zizi plantou rosas e azaleias em seu jardim.

Capítulo 6 — Artigo definido e indefinido

Leia os quadrinhos e pense sobre o sentido das palavras destacadas.

Em qual quadrinho a palavra destacada dá a ideia de que se trata de:

- um cachorro qualquer?

....

- um cachorro em particular?

....

Observe a diferença.

Um cachorro vagando pela rua. **O** cachorro mais fujão.

O artigo **um** indica um cachorro qualquer, não determinado; o menino não conhecia o cachorro.

O artigo **o** indica um cachorro determinado, específico; é o cachorro da menina.

As palavras **um** e **o** acompanham o substantivo **cachorro**. Elas são **artigos**.

> **Artigo** é a palavra que precede o substantivo de forma definida (de maneira precisa) ou indefinida (de maneira vaga).
>
> Os artigos definidos são **o**, **a**, **os**, **as**. Os artigos indefinidos são **um**, **uma**, **uns**, **umas**.

1. Reescreva as frases, substituindo os códigos por artigos.

   🔴 ⟶ artigo definido 🟢 ⟶ artigo indefinido

   a) 🔴 aranhas passam 🟢 tempo tecendo teias. E 🔴 macacos divertem-se pulando de galho em galho.

   ....

   ....

   b) Ganhei 🟢 gatinho lindo; preciso escolher 🟢 nome para ele.

   ....

   c) Gilberto comprou 🟢 computador e 🟢 impressora para fazer seus trabalhos escolares.

   ....

   ....

   d) Contei 🟢 piadas bem engraçadas! 🔴 turma toda riu.

   ....

2. Procure no dicionário e escreva o sentido da palavra destacada.

   a) Paguei oito centavos o **grama** do bolo.

   ....

   b) Aparei a **grama** do jardim.

   ....

   c) O **caixa** já estava fechado.

   ....

   d) A **caixa** é de papelão.

3 Complete as frases com artigos definidos.

.... jornalista chama-se Cláudia. .... jornalista chama-se Júlio.

.... dentista chama-se Fernando. .... dentista chama-se Ana.

○ Agora, explique com suas palavras o que você pôde observar sobre o emprego dos artigos nas frases acima.

_____

_____

4 Complete o trava-língua com artigos definidos e depois leia-o bem depressa.

O pinto pia

.... pinto pia,

.... pipa pinga.

Pinga .... pipa,

pia .... pinto.

Pinto pia,

pipa pinga.

Quanto mais .... pinto pia,

mais .... pipa pinga.

Popular.

5 Complete os balões de fala com os artigos do quadro.

| uma | os | a |

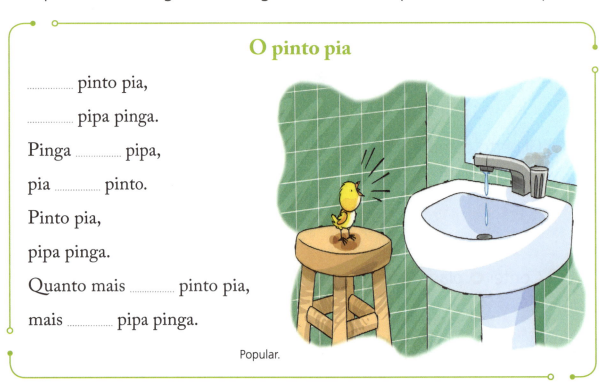

Lúcio e os livros, de Ziraldo. São Paulo: Globo, 2009. (Almanaque Maluquinho).

Capítulo 6 – Artigo definido e indefinido

Ortografia

x, ch

1 Leia a parlenda em voz alta e circule, nas palavras destacadas, as letras que têm som igual.

Quem **cochicha** o rabo **espicha**, come pão com **lagartixa**.

Parlenda popular.

- Complete.

  Nas palavras acima, ... e .... representam o mesmo som.

2 Complete as palavras com **x** ou **ch**.

bai......inho	......uva	pai......ão	man......a
......urrasco	lan......onete	en......oval	fi......ário
me......er	en......urrada	......uteira	fai......a
en......ugar	capri......o	cartu......o	pei......aria
......ale	amei......a	mo......ila	con......a
......alé	co......i......o	cai......ote	capri......o

- Consulte o dicionário e veja se suas respostas estão certas.

3 Escolha três palavras da atividade anterior e faça frases com elas.

....

....

....

4 Leia o significado das palavras abaixo e complete as frases com elas.

cheque ⟶ documento bancário
xeque ⟶ soberano árabe

tacha ⟶ prego pequeno de cabeça chata
taxa ⟶ imposto, tarifa

a) O .... é o soberano do povo árabe.

b) Fui ao banco pegar um talão de ....

c) Hoje é o último dia para pagar a .... da limpeza.

d) Usei uma .... para fixar o desenho na parede.

5 Leia a frase e responda às questões a seguir.

> Os cacos de vidro caíram bem em cima dos cachos de uva.

a) Quantas letras tem a palavra **cacos**?

....

b) Quantas letras tem a palavra **cachos**?

....

c) O que acontece com o som da letra **c** quando é seguida pela letra **h**?

....

....

Capítulo 6 – Artigo definido e indefinido

6 Faça as combinações e descubra palavras com **x**. Escreva-as.

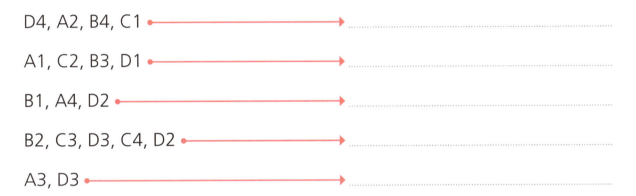

D4, A2, B4, C1 •————————→ ....

A1, C2, B3, D1 •————————→ ....

B1, A4, D2 •————————→ ....

B2, C3, D3, C4, D2 •————————→ ....

A3, D3 •————————→ ....

7 Acrescente a letra **h** e forme novas palavras. Depois escreva o significado delas. Veja o exemplo.

a) lance •————→ jogada

   lanche •————→ merenda

b) taco •————→ ....

   ....

   •————→ ....

c) receio •————→ ....

   •————→ ....

d) bola •————→ ....

   ....

   •————→ ....

Capítulo 7 — Substantivo comum, próprio e coletivo

Saber o nome das coisas é muito importante. Ao longo do tempo o ser humano deu nome a objetos, lugares, animais, plantas, sentimentos, etc., facilitando, assim, a comunicação entre todos.

Leia agora esta tirinha.

Armandinho, de Alexandre Beck. Florianópolis: A. C. Becker, 2015.

a) Qual palavra dá nome ao menino?

....

....

b) Que palavras dão nome a meios de transporte?

....

....

Substantivo próprio é aquele que dá nome a um ser ou lugar em particular.
Na tirinha, é citado o nome do menino, Dinho.
Dinho é um **substantivo próprio**.

 **Fique por dentro!**

Substantivos próprios iniciam com letra maiúscula.

Na tirinha há outros substantivos: gente, carro, ônibus, ideia e garagem. Essas palavras são **substantivos comuns**.

Substantivo comum é aquele que dá nome a qualquer ser de uma espécie.

Fique por dentro!
Substantivos comuns iniciam com letra minúscula.

Há um tipo de substantivo comum que indica um conjunto de seres, uma coleção. É chamado de **coletivo**. Veja:

A **biblioteca** de vovô tem mais de 500 livros. Ele me deixa ver todos!

O substantivo **biblioteca** indica um conjunto de livros.

O **substantivo coletivo** é aquele que, mesmo estando no singular, indica um conjunto de seres da mesma espécie.

Conheça alguns substantivos coletivos.

Substantivo coletivo	Conjunto de	Substantivo coletivo	Conjunto de
álbum	fotos, selos	constelação	estrelas
alfabeto	letras	elenco	artistas
arquipélago	ilhas	enxame	abelhas
banda	músicos	esquadra	navios
bando	aves	esquadrilha	aviões
boiada	bois	fauna	animais
bosque	árvores	flora	plantas
buquê	flores	frota	ônibus, caminhões
cacho	bananas, uvas	galeria	quadros
cardume	peixes	pomar	árvores frutíferas
classe	alunos	rebanho	ovelhas

1 Reescreva os provérbios, completando-os com os substantivos representados pelas figuras.

a) O que os 👀 não veem o ❤️ não sente.

....

b) Uma ✋ lava a outra.

....

c) 🐕 que ladra não morde.

....

d) Quem tem 👄 vai a Roma.

....

....

○ Marque um **X** na opção correta.

Os substantivos que você escreveu são:

◯ próprios.   ◯ comuns.   ◯ coletivos.

2 Marque um **X** nas sequências de palavras que têm somente substantivos.

◯ medo, pão, fogo, amor, liberdade

◯ uma, ideia, vamos, as, esperança

◯ Júlia, Portugal, Totó, Natal

◯ bonito, livro, água, o, quatro

○ Complete.

A primeira sequência que você assinalou tem substantivos .... ;

a segunda sequência tem substantivos ....

3 Circule os artigos e sublinhe os substantivos das frases.

a) O rádio é um aparelho muito antigo.

b) Os costumes, as crenças, as lendas, as festas e a música do Brasil expressam a maneira de viver de seu povo.

c) O inventor do avião, Santos Dumont, enche de orgulho o povo brasileiro.

d) Os papagaios e as iguanas são animais silvestres; portanto, deveriam habitar a selva, e não as residências.

○ Que tipos de substantivo você sublinhou?

_____

4 Escreva um substantivo coletivo para cada foto. Consulte o quadro.

| enxame | frota | rebanho | cardume |

5 Encontre no diagrama seis substantivos coletivos e complete as frases com eles.

E	Z	Ç	M	P	I	M	D	F	C	B	J	K	T	A
R	R	B	H	I	X	J	B	K	R	T	Ê	I	P	J
T	R	U	G	P	E	C	S	N	Z	Y	R	Á	L	Y
W	E	Q	N	T	Q	L	E	R	T	T	V	L	N	W
R	D	U	P	L	F	A	U	N	A	B	Z	B	B	C
M	O	Ê	O	A	A	S	A	D	I	O	Z	U	R	A
N	A	Z	U	M	L	S	T	F	M	A	A	M	D	C
C	C	O	N	S	T	E	L	A	Ç	Ã	O	I	J	H
U	T	D	B	A	S	D	F	G	C	L	K	J	H	O

a) Priscila tirou uma banana do _____ e comeu.

b) Vários animais da _____ brasileira estão em risco de extinção.

c) Na _____ de Alexandre, todos os alunos têm 9 anos.

d) Gabriel deu um _____ de flores brancas para sua mãe.

e) Coloquei no meu _____ várias fotos de meus amigos.

f) Você já contou as estrelas de uma _____?

6 Escreva os substantivos equivalentes às ações. Veja o exemplo.

a) *Brincadeira* é o substantivo que corresponde à ação de brincar.

b) _____ é o substantivo que corresponde à ação de casar.

c) _____ é o substantivo que corresponde à ação de abraçar.

d) _____ é o substantivo que corresponde à ação de agradecer.

e) _____ é o substantivo que corresponde à ação de perdoar.

○ Que tipo de substantivo você escreveu?

Capítulo 7 – Substantivo comum, próprio e coletivo

Ortografia

sons do x

1 Você já sabe que a letra **x** representa vários sons. Leia o texto e sublinhe as palavras que apresentam a letra **x**.

Extinção de espécies

Peixes, tartarugas, baleias, tigres, papagaios, macacos, elefantes, insetos, corais e outros invertebrados: inúmeras espécies são hoje ameaçadas de extinção. Quando uma ou mais espécies desaparecem, o equilíbrio do ecossistema sofre sérios distúrbios. Muitas das espécies conhecidas pelo homem estão em perigo: o panda-gigante da China, o cervo-da-tailândia e a baleia-azul são alguns exemplos. [...]

A ecologia em pequenos passos, de François Michel. São Paulo: Companhia Editora Nacional, 2005.

○ Copie as palavras que você sublinhou e leia-as em voz alta.

....

....

2 A letra **x** representa vários sons. Escreva as palavras acima que têm:

x com som de **ch**: ....

x com som de **s**: ....

x com som de **z**: ....

3 Outro som representado pela letra **x** é o **cs**. Complete as palavras abaixo com a letra **x** e leia-as em voz alta.

o........igênio   tá........i   crucifi........o   bo........e

4 Leia estas palavras em voz alta e compare seu som.

infe**cç**ão	refle**x**ão
fri**cç**ão	comple**x**o

- Agora, complete a informação.

    O som de **cs** pode ser representado por ...., ... e ....

5 Leia as palavras em voz alta. Circule apenas aquelas em que o **x** tem som de **s**, como em **explosão**.

experimentar	exagerado	exame	externo
luxuoso	expectador	extenso	relaxar
expectativa	extravagante	enxada	almoxarife

6 Complete as palavras com uma vogal.

ex.........tico   ex.........bir   ex.........stência

êx.........to   ex.........gente   ex.........berante

- Nessas palavras, o **x** tem som de:

    ◯ ch   ◯ ss   ◯ z   ◯ s   ◯ cs

7 Complete as palavras com **s** ou **x**.

e.........touro   e.........clamação   e.........pecial

e.........terior   e.........paço   e.........pedição

e.........pinho   e.........cursão   e.........tinção

- Nessas palavras, o **x** tem som de:

    ◯ ch   ◯ ss   ◯ z   ◯ s   ◯ cs

8 Leia em voz alta as palavras de cada grupo, circule a palavra "intrusa" e justifique sua escolha.

| Alexandre | apaixonado | exaltado | caixa |

....

| máximo | próximo | xodó | trouxe |

....

| texto | táxi | Rex | oxigênio |

....

| exausto | exibido | exagero | extintor |

....

9 Uma letra faz toda a diferença! Observe os verbetes.

es.per.to *adj.* **1** desperto [...] **2** que percebe tudo; atento, vigilante [...] **3** *fig.* perspicaz, inteligente [...] **4** que age com rapidez e eficiência [...] ◆ *adj. s.m.* **5** espertalhão → cf. *experto*

Minidicionário Houaiss da língua portuguesa, de Antônio Houaiss. Rio de Janeiro: Objetiva, 2009.

ex.per.to *adj. s.m.* especialista, perito → cf. *esperto*

Minidicionário Houaiss da língua portuguesa, de Antônio Houaiss. Rio de Janeiro: Objetiva, 2009.

○ Escreva uma frase com cada verbete acima.

Capítulo 8 — Substantivo primitivo, derivado, simples e composto

Leia esta tirinha.

Mônica tem uma novidade!, de Mauricio de Sousa. Porto Alegre: L&PM, 2009.

Do substantivo **sorvete**, formou-se o substantivo **sorveteria**.

Veja.

sorvete •———————————→ substantivo primitivo

sorveteria •———————————→ substantivo derivado

Veja outros exemplos.

cabelo •———————————→ substantivo primitivo

cabeludo, **cabel**eira, **cabel**eireiro •———→ substantivos derivados

jardim •———————————→ substantivo primitivo

jardineiro, **jardi**nagem •———————→ substantivos derivados

> O **substantivo primitivo** dá origem a outros substantivos.
>
> O **substantivo derivado** é formado a partir de outros substantivos.

Agora, leia esta sinopse de livro.

Amor inteiro para meio-irmão

Filha de pais separados, Lelena acaba de ganhar um irmãozinho. Mas ela fica confusa quando descobre que o mais novo integrante da família é seu meio-irmão. Uma história que pode ajudar qualquer criança nessa situação.

Catálogo de Literatura infantil e informativos 2016, Editoras Ática e Scipione.

O substantivo **meio-irmão** é formado por duas palavras: **meio + irmão**. **Meio-irmão** é um **substantivo composto**.

Veja outro exemplo.

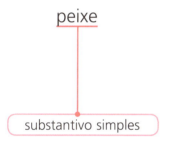
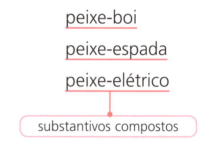

O **substantivo simples** é formado por uma só palavra.
O **substantivo composto** é formado por duas ou mais palavras.

Alguns substantivos compostos são escritos com hífen .

cartão-postal   bem-te-vi
bate-papo   estrela-do-mar

Outros são formados sem hífen:

girassol

gira + sol ↦ girassol

Atividades

1) Complete as frases com os substantivos primitivos dos substantivos destacados.

a) Encontrei o .... do meu autor preferido nesta **livraria**.

b) Fui à **papelaria**, mas não encontrei o .... que queria.

c) Preciso ir à **sapataria** levar meus .... para arrumar.

2) Complete as frases com os substantivos derivados dos que estão no quadro.

| pedra | chuva | flor | vidro |

a) O .... trabalha na construção do prédio.

b) Caiu uma .... tão forte que alagou o pátio da escola.

c) A nova .... do bairro vende lindos buquês de noivas.

d) O .... trocou o vidro quebrado da porta.

3) Marque um **X** na sequência que tem apenas substantivos derivados da palavra destacada.

pedra
- ( ) podre, pedrada, pedregulho
- ( ) pedreiro, pedraria, pedrada
- ( ) Pedrinho, pedregulho, padre

casa
- ( ) casarão, caseiro, casinha
- ( ) acaso, casinha, casebre
- ( ) casebre, casarão, casca

flor
- ( ) floreira, flocos, florir
- ( ) flúor, florescer, floresta
- ( ) floricultura, florista, floreira

Capítulo 8 – Substantivo primitivo, derivado, simples e composto

4 Leia as palavras e circule o único substantivo simples.

paraquedista   para-brisa
vermelhidão   mandachuva
segunda-feira   tenente-coronel
amor-perfeito   erva-doce

5 Marque um **X** na frase em que há um substantivo composto formado a partir de dois substantivos simples.

◯ Você viu meu sofá novo?

◯ Comprei um novo sofá-cama.

◯ A cama quebrada foi trocada por um sofá.

6 Qual é o substantivo que não pertence a cada grupo? Justifique.

vaga-lume   pombo-correio
arco   refeição
terça-feira   fio
pernilongo   família

....
....
....
....

7 Forme alguns substantivos derivados a partir das palavras abaixo.

pão: ....

peixe: ....

papel: ....

8 Continue formando substantivos compostos. Veja o exemplo. **Dica**: os substantivos que você vai formar não têm hífen.

passa + tempo → passatempo
roda + pé → ....
para + quedas → ....
ponta + pé → ....
manda + chuva → ....

9 Forme substantivos derivados a partir dos substantivos primitivos a seguir. Veja o modelo.

carro: carroça, carrossel, carroceiro, carrocinha
terra: ....
dente: ....
árvore: ....
café: ....

10 O que é, o que é? **Dica**: as respostas são substantivos compostos.

a) Costuma aparecer logo depois da chuva. Tem sete cores.

b) É uma pequena bolsa na qual se carregam moedas.

c) Peça de roupa feminina bem curta.

d) Grande loja que vende diversos produtos alimentícios.

e) É uma planta. Do seu caule é extraído um sumo para a produção de açúcar.

f) Hora que marca a metade de um dia.

Revisão

- Leia as adivinhas e preencha a cruzadinha com as respostas.

   1. Sinônimo de **sossegado**.

   2. Substantivo derivado da palavra **laranja**.

   3. É usado para proteger alguém da chuva. É um substantivo composto.

   4. Substantivo primitivo que dá origem ao substantivo **jardinagem**.

   5. Manta usada para cobrir os ombros, o tronco e a cabeça. A letra inicial é **x** com som de **ch**.

   6. Artigo indefinido, feminino, singular.

   7. Sinônimo de **cheiro**.

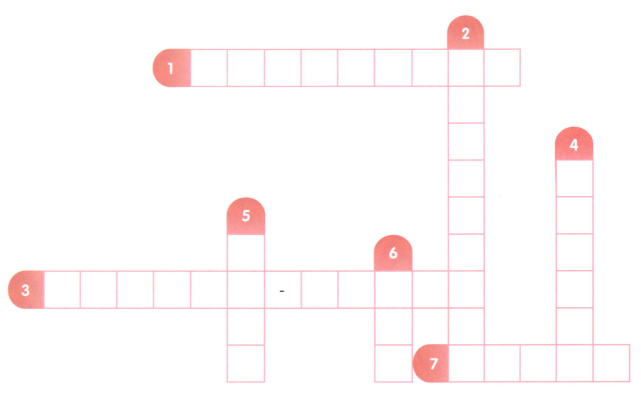

Ideias em ação

Leia esta história em quadrinhos.

Mutts: cães, gatos e outros bichos, de Patrick McDonnell. Rio de Janeiro: Ediouro, 2015.

Mutts: cães, gatos e outros bichos, de Patrick McDonnell. Rio de Janeiro: Ediouro, 2015.

Agora, faça as atividades a seguir.

a) Copie o substantivo composto que aparece na HQ.

b) Copie as frases interrogativas.

c) Copie as palavras que têm **x**.

   o Que som o **x** representa nessas palavras?

d) No oitavo quadrinho, o que as reticências indicam?

Unidade 3

O que vou estudar?

- Número do substantivo: singular e plural
- Gênero do substantivo: masculino e feminino
- Grau do substantivo: aumentativo e diminutivo
- Adjetivo
- Grau do adjetivo
- Concordância entre artigo, substantivo e adjetivo
- Pronome pessoal: do caso reto e pronome de tratamento

Capítulo 1
Número do substantivo: singular e plural

Leia esta tira.

Mutts: cães, gatos e outros bichos, de Patrick McDonnell. Rio de Janeiro: Ediouro, 2015.

Observe estas palavras.

pérola — (um só elemento) substantivo no **singular**

pérolas — (mais de um elemento) substantivo no **plural**

> O substantivo pode variar em número, ou seja, pode estar no **singular** ou no **plural**.

O substantivo está no **singular** quando se refere a um único elemento; está no **plural** quando se refere a dois ou mais elementos.

A maior parte dos substantivos faz o plural com o acréscimo de **s**. Veja:

dia ⟶ dia**s**   água ⟶ água**s**

abacaxi ⟶ abacaxi**s**   prato ⟶ prato**s**

Outros fazem o plural de formas diferentes. Observe:

vage**m** ⟶ vage**ns**   varal ⟶ vara**is**

feij**ão** ⟶ feij**ões**   arroz ⟶ arroz**es**

1 Divirta-se com esta anedota.

Durante o recreio, dois **colegas** conversam sobre seus **cães**. O primeiro se gaba de ter um cãozinho muito ativo, sempre disposto a brincar. Já o outro menino...

— Ah, o meu cachorro é muito preguiçoso — diz ele.
— Tadinho. Não fale assim dele — rebate o primeiro.
— Mas é sério. Ele é tão preguiçoso, mas tão preguiçoso que só persegue **carros** estacionados.

Piadas para rachar o bico 7, de Gabriel Barazal. São Paulo: Fundamento Educacional, 2014.

Observe os substantivos destacados no texto. Eles estão no:

◯ singular.   ◯ plural.

- Justifique sua resposta.

....

2 Escreva o plural dos artigos e dos substantivos. Veja o exemplo.

o jardim: *os jardins*   um mês: *uns meses*

uma nuvem: ....   o mar: ....

um rapaz: ....   o continente: ....

revés: ....   a jovem: ....

o professor: ....   uma flor: ....

Fique por dentro!
Acrescenta-se **es** aos substantivos terminados em **r**, **s** ou **z**.
Nos substantivos terminados em **m**, substitui-se essa letra por **ns**.

3 Siga as orientações para formar o plural destes substantivos.

a) Substitua **ão** por **ãos**.

mão: _____ grão: _____

vão: _____ cidadão: _____

irmão: _____ órgão: _____

b) Substitua **ão** por **ões**.

lição: _____ leão: _____

fogão: _____ balão: _____

espião: _____ coração: _____

c) Substitua **ão** por **ães**.

cão: _____ alemão: _____

pão: _____ escrivão: _____

capitão: _____ capelão: _____

Fique por dentro!

Substantivos terminados em **ão** podem fazer o plural em **ãos**, **ões** ou **ães**. Há substantivos que admitem mais de um plural, como **ancião** (anci**ãos**, anci**ães** e anci**ões**) e **corrimão** (corrim**ãos** e corrim**ões**).

4 Complete as frases com o plural do substantivo destacado.

a) Não perdi só um **papel**; perdi todos os _____ da pasta.

b) Não construiu apenas um **hospital**; construiu dois _____.

c) Achei que a estrada tinha um **túnel**, mas tinha vários _____.

d) Eu ia colher só um **girassol**, mas colhi muitos _____.

Fique por dentro!

Forma-se o plural dos substantivos terminados em **al**, **el**, **ol** e **ul** trocando-se **l** por **is**.

5 Complete as frases com o substantivo entre parênteses no plural.

a) Enchemos dois _____ com a água da chuva. (barril)

b) A cobra e o jacaré são _____. (réptil)

c) Onde estão os _____ para colocar gasolina no tanque? (funil)

> **Fique por dentro!**
> Substantivos terminados em **il** fazem o plural trocando-se **l** por **is**, se a palavra for oxítona; ou por **eis**, se for paroxítona.

6 Marque um **X** na opção que tem apenas substantivos com a mesma forma no singular e no plural.

◯ países, museus, céus, luzes

◯ ônibus, tênis, pires, lápis

◯ anéis, pincéis, torres, gás

> **Fique por dentro!**
> Alguns substantivos têm a mesma forma no singular e no plural.

7 Leia o texto e escreva os substantivos destacados no singular.

> Poucas **aves** não podem voar. Entre elas estão os **avestruzes** e os **pinguins**. Outros **animais**, além das aves, também voam, como os **morcegos**, que são **mamíferos**, e os insetos.
>
> **Almanaque Ruth Rocha**, de Ruth Rocha. São Paulo: Salamandra, 2011.

aves: _____   avestruzes: _____

pinguins: _____   animais: _____

morcegos: _____   mamíferos: _____

Ortografia

x com som de s; palavras com s

1 Você já ouviu falar do Espaço Cultural da Marinha, localizado no Rio de Janeiro? Leia esta informação que faz parte de um folheto turístico.

> O **Espaço** Cultural da Marinha apresenta a **exposição** permanente "Galeota Dom João VI" e exposições temporárias. Atracados ao cais estão o Navio-Museu Bauru, o Submarino-Museu Riachuelo e a Nau dos Descobrimentos. Em seu pátio, encontra-se o helicóptero Rei do Mar.
>
> **Folheto Passeio Marítimo a bordo do rebocador Laurindo Pitta.**

- Você já conhece alguns sons da letra **x**. Em algumas palavras, a letra **x** tem som de **s**. Leia em voz alta.

> **ex**posição   **es**paço

2 Leia as palavras do quadro, observando a primeira sílaba.

expressão	**ex**plicação	**es**cultor
esperança	**es**piralado	**ex**por
exclusão	**ex**portar	**es**paço

- Agora, complete as palavras com **es** ou **ex**. **Dica:** consulte o quadro, que tem palavras da mesma família.

........perar	........pacial	........pressar
........piral	........plicativo	........portação
........posição	........cultura	........cluído

Capítulo 1 – Número do substantivo: singular e plural

3 Para você memorizar a grafia correta de algumas palavras, vamos jogar bingo. Siga as instruções.

- Leia as palavras do quadro e complete-as com **s** ou **x**. Depois verifique a escrita correta no dicionário.
- Escolha 9 das 15 palavras e escreva-as na cartela abaixo.
- O professor vai sortear as palavras, e você deverá marcá-las na sua cartela.
- Vence quem tiver na cartela todas as palavras sorteadas e escritas corretamente.

ine......periente	e......traordinário	e......portação
e......pectativa	ade......trado	e......paradrapo
e......quisito	ine......plicável	e......cursão
ate......tado	e......ploração	e......tintor
e......pontâneo	e......peto	e......cultor

BINGO

Capítulo 2 — Gênero do substantivo: masculino e feminino

Leia o texto.

Caracol de Lorena

Caracol de Lorena,
Espiche as antenas
Que eu te conto onde está seu pai
E lhe falo onde sua mãe vai.
Se você não espichar,
Azar! Eu não vou contar!

Histórias, quadrinhas e canções com bichos.
Tradução de Heloisa Jahn. São Paulo:
Companhia das Letrinhas, 2006.

Observe estas palavras retiradas do texto.

caracol — substantivo masculino

antenas — substantivo feminino

Veja outros exemplos:

pai
menino
jogo

substantivos masculinos

mãe
casa
felicidade

substantivos femininos

Os substantivos podem variar em gênero, ou seja, podem ser **masculinos** ou **femininos**. Antes dos substantivos masculinos são usados os artigos **o**, **os**, **um**, **uns**. Antes dos substantivos femininos são usados os artigos **a**, **as**, **uma**, **umas**.

Os substantivos que nomeiam seres humanos ou animais podem apresentar uma forma para o masculino e outra para o feminino. Observe.

o menino — substantivo masculino

a menina — substantivo feminino

Veja outros exemplos:

o pai
o maestro
o leão

a mãe
a maestrina
a leoa

Alguns substantivos apresentam apenas uma forma para os dois gêneros, masculino e feminino. A distinção entre eles pode ser feita pelo artigo. Veja.

o dentista — substantivo masculino

a dentista — substantivo feminino

Veja outros exemplos:

o jornalista
o pianista
o colega

a jornalista
a pianista
a colega

1 Leia esta história em quadrinhos.

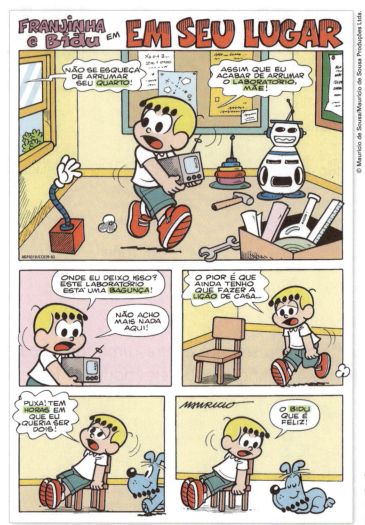

Cascão, de Mauricio de Sousa. São Paulo: Panini Comics, n. 39, mar. 2010.

- Distribua nas colunas os substantivos destacados na HQ.

Substantivo masculino	Substantivo feminino

Capítulo 2 – Gênero do substantivo: masculino e feminino

2. Leia um trecho do livro **Diário de um fantasminha**.

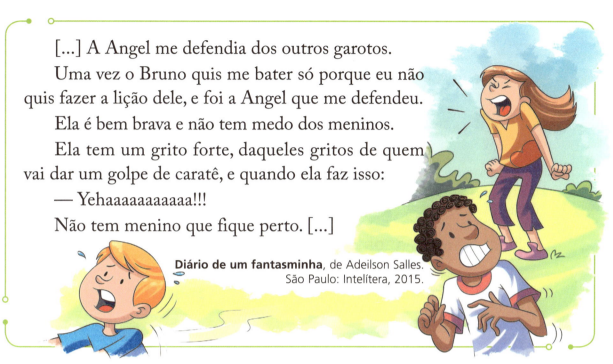

[...] A Angel me defendia dos outros garotos.
Uma vez o Bruno quis me bater só porque eu não quis fazer a lição dele, e foi a Angel que me defendeu.
Ela é bem brava e não tem medo dos meninos.
Ela tem um grito forte, daqueles gritos de quem vai dar um golpe de caratê, e quando ela faz isso:
— Yehaaaaaaaaaaa!!!
Não tem menino que fique perto. [...]

Diário de um fantasminha, de Adeilson Salles. São Paulo: Intelítera, 2015.

o Copie do texto:

a) um substantivo próprio masculino: ....

b) um substantivo próprio feminino: ....

c) três substantivos comuns masculinos, no plural:
....

d) um substantivo comum feminino, no singular: ....

3. Siga as orientações para formar o feminino destes substantivos.

a) Substitua **o** por **a** no final.

Substantivo masculino	Substantivo feminino
veterinário	
político	
elefante	
médico	

b) Acrescente **a** à forma masculina.

Substantivo masculino	Substantivo feminino
freguês	
juiz	
doutor	
camponês	

c) Substitua **ão** por **ã**, **oa** ou **ona**.

Substantivo masculino	Substantivo feminino
cidadão	
leão	
sabichão	
leitão	

4 Escreva a forma feminina. Veja o modelo.

Substantivo masculino	Substantivo feminino
o ator	a atriz
o compadre	
o menino	
o pai	
o zangão	

Fique por dentro!

Alguns substantivos masculinos têm forma bem diferente no feminino.

5 Leia este verbete.

> **la.vra.dei.ra.** *substantivo feminino* **1.** mulher de lavrador. **2.** mulher que lavra, que faz serviços de lavoura. **3.** mulher que tece lavores com a agulha; rendeira, bordadeira.
>
> **Dicionário eletrônico Houaiss da língua portuguesa**, de Antônio Houaiss. Rio de Janeiro: Objetiva, 2001.

a) Qual é a forma masculina de **lavradeira**?

b) Observe a figura e escreva uma frase usando a palavra que você escreveu acima.

6 Leia a lista de objetos e distribua os substantivos nos quadros.

tesouras	regadores	telefone	xícara
mochilas	pião	chave	anéis
apontador	botões	vitrines	pilha

Feminino singular	Feminino plural

Masculino singular	Masculino plural

No dia a dia

1. É comum, na língua cotidiana, alguns substantivos serem utilizados com o gênero errado. Veja alguns casos de **substantivos femininos** que muitas vezes são usados no masculino por engano.

> **a** cólera   **a** dinamite   **a** dengue

- Agora, observe as imagens e escreva um artigo para cada substantivo.

.... couve   .... couve-flor

.... patinete   .... alface

.... musse   .... guaraná

2) Em alguns substantivos, a mudança de gênero muda também seu sentido. Leia os artigos e substantivos do quadro e escreva-os nas imagens correspondentes.

o grama   a grama
o rádio   a rádio
o caixa   a caixa

Ortografia

za, ze, zi, zo, zu; az, ez, iz, oz, uz

1) Leia algumas curiosidades sobre a zebra e o avestruz.

As listras das **zebras** confundem os leões e as hienas que tentam caçá-las. Elas costumam andar em turma e embaralham a visão dos inimigos, que não sabem onde começa e acaba o corpo de cada **zebra**.

As listras das **zebras** parecem iguais, mas, na verdade, nunca se repetem. Cada **zebra** tem uma estampa única, assim como cada um de nós tem impressões digitais que ninguém mais tem.

Recreio. Disponível em: <http://recreionline.abril.com.br/fique_dentro/ciencia/bichos/conteudo_89183.shtml?/vc_sabia/vocesabia_89185.shtml>. Acesso em: 3 fev. 2016.

O **avestruz** é a maior ave que existe. Mas ele não voa. Suas asas servem de proteção e ajudam o bicho a se equilibrar quando corre.

Existe apenas uma espécie de **avestruz**. Ela é originária da África, onde a ave vive nas savanas e estepes.

Recreio. Disponível em: <http://recreionline.abril.com.br/fique_dentro/ciencia/bichos/conteudo_71114.shtml?/vc_sabia/vocesabia_71115.shtml>. Acesso em: 3 fev. 2016.

Observe as palavras.

zebra — **z** em início de sílaba

avestru**z** — **z** em final de sílaba

Veja outros exemplos.

ba**zar**   vi**zi**nho   ra**paz**   ver**niz**

2 Distribua nas colunas as palavras do quadro.

| azedo | azul | tez | surdez | zarolho |
| cartaz | sozinho | feroz | dezoito | luz |

za, ze, zi, zo, zu	az, ez, iz, oz, uz

3 Faça como no exemplo.

belo → *beleza*   nobre → ....

real → ....   pobre → ....

mole → ....   magro → ....

4 Escreva as palavras correspondentes aos significados abaixo. **Dica:** todas as palavras terminam em **z**.

a) Antônimo de guerra. → ....

b) Certo jogo de tabuleiro. → ....

c) Órgão da planta que geralmente fica abaixo da superfície. → ....

d) Feminino de ator. → ....

e) Muito bravo. → ....

f) Quem apita partidas de futebol. → ....

○ Escolha uma das palavras que você escreveu e forme uma frase com ela.

....

Capítulo 3 — Grau do substantivo: aumentativo e diminutivo

Leia uma página do diário de uma menina chamada Serafina.

> Querido diário:
> Resolvi trazer as **conchinhas** para cá, hoje, porque sonhei com uma **conchona**, grande e linda, às vezes rosa, às vezes azul, que servia de esconderijo, você acredita? Dava para eu ficar bem acomodada dentro da **concha**, aberta ou fechada. Quando ela se fechava, deixando só uma frestinha para eu poder respirar, dava para ouvir a voz do mar.
> Que sonho bonito! Aliás, eu também tenho uma coleção de sonhos bonitos. Qualquer dia ainda vou escrever um diário de sonhos.
> [...]
>
> **O diário escondido da Serafina**, de Cristina Porto. São Paulo: Ática, 2009.

Os substantivos podem sofrer flexão, ou seja, variar:

- em gênero (masculino e feminino);
- em número (singular e plural);
- em grau (aumentativo e diminutivo).

Compare.

conchinha — grau diminutivo
concha — grau normal
conchona — grau aumentativo

Os graus **aumentativo** e **diminutivo** geralmente indicam a variação de tamanho dos seres.

O **grau aumentativo** indica tamanho maior que o normal e o **grau diminutivo** indica tamanho menor.

O grau dos substantivos pode ser indicado por meio de terminações. Veja alguns substantivos no grau diminutivo e no aumentativo.

Normal	Diminutivo	Aumentativo
animal	animalzinho, animalejo	animalão, animalaço
boca	boquinha	bocarra, boqueirão
cão	cãozinho	canzarrão
casa	casinha, casebre	casarão, casona
chapéu	chapeuzinho	chapelão
copo	copinho	copázio
corpo	corpinho, corpúsculo	corpanzil, corpaço
fogo	foguinho	fogaréu
homem	homenzinho, hominho	homenzarrão, homão
mãe	mãezinha	mãezona
muro	murinho, mureta	muralha
perna	perninha	pernaça
voz	vozinha	vozeirão

O grau do substantivo pode ser indicado também pelo acréscimo das palavras **grande** para o aumentativo e **pequeno** para o diminutivo. Veja.

lápis **grande**

lápis **pequeno**

Atividades

1) Escreva o diminutivo dos substantivos conforme as orientações.

a) Acrescente a terminação **-zinho**.

animal: _____ anel: _____

cão: _____ café: _____

chapéu: _____ gibi: _____

balão: _____ calor: _____

b) Substitua a terminação **o** por **-inho** e **a** por **-inha**.

bolsa: _____ braço: _____

bolso: _____ garrafa: _____

caderno: _____ forno: _____

casa: _____ carro: _____

2) Escreva o aumentativo das palavras acrescentando as terminações **-zão** ou **-ão** e fazendo ajustes quando for necessário.

elefante: _____ parede: _____

pé: _____ cadeira: _____

olho: _____ pai: _____

leão: _____ faca: _____

Capítulo 3 – Grau do substantivo: aumentativo e diminutivo

3 Circule as palavras terminadas em **-inho** e **-inha** que não estão no diminutivo.

a) Derrubei farinha em cima da mesinha da sala.

b) A mãe do menininho deixou seu caderno na cozinha.

c) A galinha correu para o quintalzinho do vizinho.

 **por dentro!**

Nem todas as palavras terminadas em **-inho** e **-inha** estão no diminutivo.

4 Circule as palavras que, apesar de terminarem em **-ão**, não estão no aumentativo.

a) Todos entraram em ação na montagem do pavilhão.

b) O rapagão colocou todos os papéis na caixa de papelão.

c) A tripulação observou a cidade das janelas do avião.

 **por dentro!**

Nem todas as palavras terminadas em **-ão** estão no aumentativo.

5 Indique o que o diminutivo e o aumentativo expressam nas frases abaixo. Veja o quadro.

carinho   admiração   desprezo

a) Não quero me juntar a esse **povinho**... ....

b) Que **golaço**! ....

c) Você é um **amigão**! ....

 **por dentro!**

O diminutivo e o aumentativo também podem indicar ideia de carinho, admiração, ironia ou desprezo.

6 Complete as frases com o aumentativo ou o diminutivo. Veja o exemplo.

Este **sapato** é pequeno; é um _sapatinho_.

a) Moro numa **casa** grande; é um _____.

b) O **chapéu** do vovô é grande; é um _____.

c) Tomamos um **café** pequeno; era um _____.

d) Pulei um **muro** pequeno; era uma _____.

e) O **fogo** ficou grande muito rapidamente; era um _____.

7 Complete a cruzadinha.

Verticais	Horizontais
1. Diminutivo de **menina**. 2. Diminutivo de **leão**. 3. Plural de **salão**.	1. Diminutivo de **avião**. 2. Diminutivo de **beijo**. 3. Singular de **fogões**.

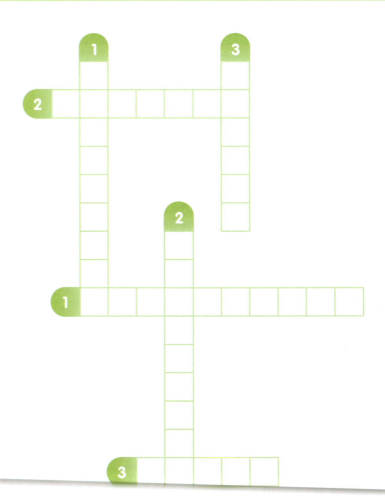

Capítulo 3 – Grau do substantivo: aumentativo e diminutivo

Ortografia

-inho, -zinho

1) Reescreva as frases, passando as palavras destacadas para o diminutivo.

a) Comprei uma **blusa** linda! ....

b) Você viu meu **irmão**? ....

c) Peguei o **pincel** na caixa. ....

d) Na história que li, o **anão** salva a **princesa**. ....

....

e) Tomei **café** com **pão** na padaria. ....

....

Fique por dentro!

Palavras que têm **s** na última sílaba fazem o diminutivo com a terminação **-inho** e **-inha**.
Palavras que não têm **s** na última sílaba fazem o diminutivo com a terminação **-zinho** e **-zinha**.

2) Escreva as palavras no grau normal e pinte a última sílaba da palavra formada.

risinho: ....   amorzinho: ....

mulherzinha: ....   jornalzinho: ....

coisinha: ....   vasinho: ....

sofazinho: ....   pastelzinho: ....

o) Por que algumas palavras no diminutivo terminam com **-inho** e outras com **-zinho**?

....

....

Capítulo 4 — Adjetivo

Leia esta história em quadrinhos.

Almanaque Historinhas de uma página: Turma da Mônica.
São Paulo: Panini Comics, n. 4, 2009.

As palavras **velozes**, **divertidos**, **sensíveis**, **valentes**, **dorminhocos**, **preguiçosos**, **asseados**, **comilões**, **desconfiados** e **amorosos** indicam características do substantivo **gatos**. Essas palavras são chamadas de **adjetivos**.

> **Adjetivos** são palavras que atribuem qualidades, características aos substantivos.

Leia este diálogo.

A palavra **espanhol** indica o local de nascimento de Juan, portanto é um **adjetivo**.

Leia este anúncio.

A palavra **português** indica a origem do azeite (onde ele foi fabricado), portanto é um **adjetivo**.

> Os adjetivos que indicam local de nascimento ou de origem são chamados de **adjetivos pátrios**.

1 Classifique as palavras destacadas. Veja o exemplo.

	Adjetivo	Adjetivo pátrio
desenho **engraçado**	X	
aluno **uruguaio**		
caderno **novo**		
brinquedo **brasileiro**		
população **espanhola**		
casa **europeia**		
carro **alemão**		

Fique por dentro!

Adjetivos e **adjetivos pátrios** qualificam, caracterizam, os substantivos.

2 Circule os adjetivos das frases e escreva o substantivo a que eles se referem.

a) O sorvete parece delicioso.

_____

b) Carolina é alegre e inteligente.

c) Alguém viu minha caneta vermelha?

　...

d) Ganhei uma calça nova que ficou muito comprida.

　...

Fique por dentro!
Cores também são adjetivos.

3 Escreva em cada coluna de adjetivos um substantivo do quadro que combine com eles.

> cão　　vestido　　filme
> aluna　　carro　　sorvete

estampado	gelado	estudiosa
curto	cremoso	organizada
florido	saboroso	nova
....	....	....

potente	romântico	peludo
moderno	triste	manso
caro	comovente	obediente
....	....	....

4 Complete as frases com adjetivos.

a) Carla ia para a festa quando escorregou e caiu. Seu vestido .... ficou todo ....

b) A cliente entrou na loja e comprou dois casacos: um .... e outro ....

c) As frutas do mercado estavam ...., mas os legumes estavam ....

163

5 Complete o anúncio com adjetivos.

CLASSIFICADOS

Vendo **bicicleta** nas cores .... e ....,
com rodas quase .... e selim de couro ....
Tem também uma .... cestinha.

6 Escreva os adjetivos pátrios correspondentes aos países.

Quem nasce...

... no Japão é .... na Argentina é ....

... no Canadá é .... na Arábia é ....

... no Egito é .... no Chile é ....

... no Peru é .... na Índia é ....

ou ....

7 Complete as frases com os adjetivos pátrios do quadro. Se necessário, consulte o dicionário.

paulista   carioca   fluminense   paulistano

Nasci na cidade de São Paulo; sou ....

Nasci no estado de São Paulo; sou ....

Nasci na cidade do Rio de Janeiro; sou ....

Nasci no estado do Rio de Janeiro; sou ....

8 Leia o início de uma história e observe os adjetivos destacados.

A cidade não era lá essas coisas: **grande** demais, **poluída** demais, **perigosa** demais. O bairro, entretanto, era **delicioso**, e aquela rua era muito **especial**...

Não apenas porque Raquel morava ali.

Era mesmo a rua mais **bonita** do lugar!

[...]

E era dentro da casa mais **bonita** dessa rua que ela morava. Raquel, a moradora mais **digna** para aquela mansão.

Pequena e **miúda** como uma boneca, toda **delicada** e **doce**, a pele bem **morena**, os cabelos **crespos** e **escuros** caindo em ondas pelos ombros, os olhos de bezerrinho chamando a mãe. O rosto **pálido** completava o seu arzinho **carente**, de quem pede amor.

Com o rei na barriga, de Regina Drummond. São Paulo: Scipione, 2011.

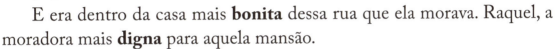

○ Escreva os adjetivos destacados no texto que caracterizam cada substantivo abaixo.

Cidade	Bairro	Rua	Casa

Moradora	Raquel	Pele

Cabelos	Rosto	Arzinho

Ortografia

-oso, -osa

Leia o poema.

O gato curioso

Era uma vez era uma vez
um gato siamês.

Por ser muito engraçadinho,
é chamado de Gatinho.

Além de ser **carinhoso**,
ele é muito **curioso**.

[...]

Um gato chamado Gatinho, de Ferreira Gullar. Rio de Janeiro: Salamandra, 2000.

Observe no poema as palavras **carinhoso** e **curioso**. Essas palavras dão características ao gato, ou seja, são adjetivos.

Veja de quais palavras elas foram formadas:

carinhoso ⟶ do substantivo **carinho**

curioso ⟶ do substantivo **curiosidade**

1 Escreva adjetivos formados dos substantivos. Veja o exemplo.

Substantivo	Adjetivos
capricho	*caprichoso, caprichosa*
cheiro	
teima	
orgulho	
mentira	

Capítulo 4 – Adjetivo

2 Leia as frases.

a) Criança com muito talento é uma criança **talentosa**.

b) Mãe cheia de afeto é uma mãe **afetuosa**.

c) Pai cheio de cuidados é um pai **cuidadoso**.

d) Frutas com muito sabor são frutas **saborosas**.

e) Bandeira com muitas cores é uma bandeira **colorida**.

○ Agora, assinale a opção correta.

a) As palavras destacadas nas frases são:

○ substantivos.   ○ adjetivos.

b) Essas palavras são formadas a partir de:

○ substantivos.   ○ adjetivos.

○ Quais? ....

c) Complete a informação.

Adjetivos terminados em .... e .... são sempre escritos com a letra ....

3 Reescreva as frases, substituindo os trechos destacados por adjetivos terminados em **-oso** ou **-osa**. Faça as adaptações necessárias. Veja o exemplo.

Aquele cantor **tem muita fama**. → *Aquele cantor é famoso.*

a) Que menina **cheia de dengo**!

....

b) Quem **tem esperança** é mais feliz.

....

c) A mãe **tem muito amor** pelo bebê.

....

d) Os super-heróis **têm poder**.

....

De olho no dicionário

1 No dicionário é possível saber se uma palavra é substantivo, artigo, adjetivo, etc. Observe a reprodução deste verbete.

> **elástico**. e-*lás*-ti-co *adjetivo* **1.** que é flexível, que pode ser esticado, apertado e depois voltar ao tamanho e à forma normal. *Você ja brincou na cama elástica?*
> *substantivo* **2.** fita, fio ou tira feitos de borracha que servem para prender alguma coisa. *Else usou um elástico para prender os cabelos num rabo de cavalo.*
>
> Saraiva infantil de A a Z: dicionário da língua portuguesa ilustrado.
> São Paulo: Saraiva, 2008.

○ Agora, classifique os termos destacados nas frases em **adjetivo** ou **substantivo**.

a) Este biquíni foi feito com tecido **elástico**.

....

b) O **elástico** das minhas meias esgarçou.

....

c) Você já viu como as ginastas têm o corpo **elástico**?

....

d) Preciso de um **elástico** para prender o cabelo.

....

2 Localize no dicionário um adjetivo iniciado pela letra **m** que tenha mais de um significado. Escolha um desses significados e escreva uma frase com ele.

adjetivo: ....

significado: ....

frase: ....

3 A família é o primeiro grupo do qual fazemos parte. Cada família tem seu jeito de ser, de se organizar, de viver. Como é a sua família? Conte para a classe. Depois escreva o nome de alguns componentes dela, por exemplo, seus irmãos (se tiver), seus pais ou responsáveis, seus tios, avós, e a relação de parentesco com você. Por fim, indique a principal característica (adjetivo) de cada um.

Capítulo 5 — Grau do adjetivo

Observe as figuras e leia as frases.

Felipe é **mais alto que** Hugo.

Carlos é **tão alto quanto** Ana.

Gabriel é **menos alto que** Lúcia.

Nos casos acima, fizemos **comparações**. Comparamos a altura das crianças usando o adjetivo **alto** no grau comparativo.

> Quando o adjetivo é usado para fazer uma comparação, dizemos que ele está no **grau comparativo**.

O grau comparativo do adjetivo pode ser de:

- **superioridade**: **mais** jovem **do que/mais** jovem **que**
- **igualdade**: tão jovem **quanto**
- **inferioridade**: **menos** jovem **do que/menos** jovem **que**

Alguns adjetivos têm uma forma específica para o seu comparativo. Veja como usar o grau comparativo dos adjetivos abaixo.

bom → melhor	**grande** → maior
mau, **ruim** → pior	**pequeno** → menor

Atividades

1 Leia esta fábula e circule todos os adjetivos.

Um belo dia, a raposa encontrou a cegonha e convidou-a para jantar. Fez apenas uma sopinha rala, e a serviu em um único prato, sobre uma mesa. Acontece que a cegonha tinha um bico muito duro e comprido e, cada vez que tentava tomar a sopa, o bico batia no fundo do prato e ela nada conseguia beber.

A raposa, esperta, aproveitou-se disso e lambeu a sopa toda. Alguns dias depois, a cegonha quis se vingar daquele jantar. Sabendo que a raposa era bem gulosa, convidou-a para um banquete em sua casa. Ela aceitou muito contente. Na hora do jantar, a raposa sentou-se depressa à mesa, esperando a comida chegar. Nesse momento, a cegonha entrou na sala e colocou sobre a mesa um vaso de gargalo estreito e muito comprido. Lá dentro, estava a carne macia e cheirosa que seria o jantar dos dois bichinhos.

A cegonha, com seu bico fino e comprido, conseguiu comer toda a carne, enquanto a raposa tentava enfiar lá dentro o focinho, sem sucesso.

Pobre raposa! Quis dar uma de esperta, e só o que conseguiu foi levar para casa sua barriga, roncando de tão vazia.

Jean de La Fontaine. In: **Para saber mais: a enciclopédia do estudante**. **Recreio**. São Paulo: Abril.

a) Como era o bico da cegonha? _____

b) Escreva uma frase usando os adjetivos **fino** e **comprido** no grau comparativo de superioridade. _____

_____

c) O que a raposa achava de si? _____

d) Escreva uma frase usando o adjetivo **esperta** no grau comparativo de inferioridade. _____

_____

2 Leia estas tirinhas.

Disponível em: <www.monica.com.br/comics/tirinhas/tira18.htm>. Acesso em: 9 abr. 2010.

Disponível em: <www.monica.com.br/comics/tirinhas/tira86.htm>. Acesso em: 9 abr. 2010.

a) Qual adjetivo é usado na tirinha 1?

....

b) Qual sinônimo desse adjetivo é usado na tirinha 2?

....

c) Quais palavras indicam a comparação entre Mônica e as outras garotas:

na tirinha 1? ....

na tirinha 2? ....

3 Observe as figuras e complete as frases.

A girafa é .... **alta** .... o elefante e a zebra.

A zebra é .... **pesada** .... o elefante e a girafa.

172 Capítulo 5 – Grau do adjetivo

4 Circule o adjetivo e numere as frases conforme o código.

1. grau comparativo de igualdade
2. grau comparativo de superioridade
3. grau comparativo de inferioridade

( ) O trem é menos veloz do que o metrô.

( ) O cravo é tão perfumado quanto a rosa.

( ) A vovó é mais velha do que a mamãe.

5 Observe a ilustração e leia o texto.

Gabriela é uma aluna estudiosa. Seu desempenho foi bom na Olimpíada de Matemática, mas Júlio foi melhor que ela. Mas quem ficou em 1º lugar mesmo foi Mariana, que é mais estudiosa do que os outros dois.

a) Quem são os alunos estudiosos?

_____

b) Quem venceu a Olimpíada? Por quê?

_____

_____

c) Complete a frase usando os adjetivos **boa** e **melhor**.

Gabriela é _____ em Matemática, mas Júlio é _____ que ela. No entanto, Mariana é _____ que os outros dois.

Ortografia

1) Leia a frase a seguir.

> Fiz um chap**éu** de pap**el**.

- Escreva palavras que tenham o mesmo som final das palavras do quadro.

Chapéu	Papel

2) Continue escrevendo palavras. Veja o exemplo.

partir: partiu   desistir: ....

cobrir: ....   sair: ....

sorrir: ....   garantir: ....

dividir: ....   mentir: ....

sentir: ....   cair: ....

3) Complete com **-il**:

a) os seguintes substantivos:

can............   fun............   cant............   barr............   abr............

b) os seguintes adjetivos:

út............   fráq............   fác............   sut............   dóc............

Capítulo 5 – Grau do adjetivo

4) Complete o nome dos países com **l** ou **u**.

Brasi_____   Senega_____   A_____strália

África do Su_____   Ma_____ritânia   E_____ Sa_____vador

5) Leia os verbetes e complete as frases com as palavras **calda** ou **cauda**.

> **calda** (*cal*.da) *substantivo*. Mistura de água, leite ou suco de frutas com açúcar que se leva ao fogo até ficar grossa. Outros ingredientes podem ser adicionados a ela, como chocolate, baunilha, coco etc.
> **cauda** (*cau*.da) *substantivo*. **1.** Rabo. [...]. **2.** Parte comprida no lado de trás do vestido. [...]. **3.** Caminho luminoso que acompanha os cometas. [...]
>
> **Saraiva infantil de A a Z: dicionário da língua portuguesa ilustrado.** São Paulo: Saraiva, 2008.

a) A _____ do gato ficou enrolada no pé da cadeira.

b) Quero uma fatia de pudim com bastante _____, por favor.

c) Coloquei chocolate amargo na _____ do sorvete.

d) O noivo pisou na _____ do vestido da noiva.

Capítulo 6 — Concordância entre artigo, substantivo e adjetivo

Leia o poema.

As cores

Vermelha é a maçã
Do lado que bate o sol,
Do lado que o sol não bate,
Branca é a sua cor.

A pimenta tem de ser verde,
O tomate, avermelhado.
A berinjela, bem morena,
De olhinhos revirados.

Poesia de bicicleta, de Sérgio Capparelli.
Porto Alegre: L&PM, 2009.

Observe como substantivo e adjetivo são usados nas frases.

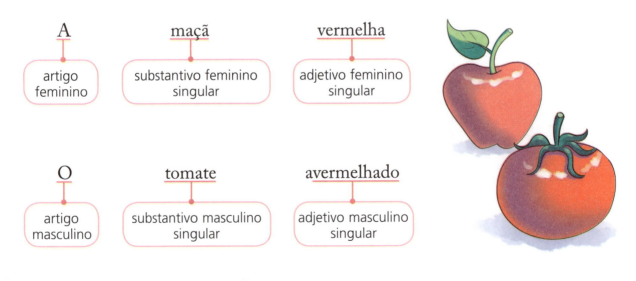

- A — artigo feminino
- maçã — substantivo feminino singular
- vermelha — adjetivo feminino singular

- O — artigo masculino
- tomate — substantivo masculino singular
- avermelhado — adjetivo masculino singular

O adjetivo varia para concordar com o substantivo em gênero (masculino e feminino) e em número (singular e plural).

Atividades

1 Leia o texto e observe as palavras sublinhadas.

Por que a água do mar é tão salgada?

O sal presente no mar vem das rochas dos continentes, que contêm muitos sais minerais. Com a ação da chuva, as rochas acabam se fragmentando e se dividindo em **pequenas partículas**. Aí, **os sais dissolvidos** são carregados pelos rios e córregos, chegando aos oceanos. Mesmo que estejam em baixa concentração nos rios, ao longo do tempo os sais se acumulam nos mares. Além disso, o calor faz parte da água do mar evaporar, mas o sal permanece por lá. Sabia que há cerca de 35 gramas de sal para cada litro de água dos oceanos?

Recreio. São Paulo: Abril, n. 819, ano 15, 19 nov. 2015.

○ Escreva no quadro, separadamente, cada palavra sublinhada no texto e classifique-a quanto à classe gramatical.

Artigo	Substantivo	Adjetivo

2 Escreva um artigo e um adjetivo que concordem com os substantivos do quadro.

Artigo	Substantivo	Adjetivo
	joias	
	prédio	
	viagem	
	países	

3 Leia esta tirinha.

Armandinho cinco, de Alexandre Beck. Florianópolis: A. C. Beck, 2015.

- Copie da tirinha os adjetivos que acompanham os substantivos:

    lugares: _____

    países: _____

    culturas: _____

4 Complete as frases com os adjetivos do quadro, fazendo a concordância.

| mamífero | solar | feliz | fresco |

a) Os coelhos são animais _____.

b) Os raios _____ podem gerar energia elétrica.

c) Os turistas embarcaram _____.

d) As frutas estão _____.

Capítulo 6 – Concordância entre artigo, substantivo e adjetivo

5 Escreva um pequeno texto em que apareçam os artigos, substantivos e adjetivos do quadro.

Artigo	Substantivo	Adjetivo
uma	tarde	agradável
o	filme	novo
as	festas	animadas

_____

_____

_____

_____

6 Observe as imagens e dê um adjetivo para cada substantivo.

balões _____

palhaço _____

frutas _____

crianças _____

Ortografia

-ez, -eza; -ês, -esa, -ense

Leia a frase.

> A **delicadeza** e a **intrepidez** da malabarista **chinesa** encantaram o público.

Observe.

delicado → delicad**eza**
intrépido → intrepid**ez**

(adjetivos) (substantivos)

Os substantivos **delicadeza** e **intrepidez** são derivados dos adjetivos **delicado** e **intrépido**. São escritos com **-ez** e **-eza**.

Agora, observe.

chin**ês** → chin**esa**   franc**ês** → franc**esa**

Alguns adjetivos pátrios terminam em **-ês** no gênero masculino e em **-esa** no gênero feminino.

Veja agora estes adjetivos pátrios.

> Ele é amazon**ense**.   Ela é amazon**ense**.

Eles têm a mesma forma no masculino e no feminino e terminam em **-ense**.

1 Complete as palavras com **-ês** ou **-ez**.

altiv............   ingl............   gravid............
holand............   acid............   japon............
surd............   irland............   maci............

Capítulo 6 – Concordância entre artigo, substantivo e adjetivo

2 Complete as palavras com **-esa** ou **-eza**.

japon_____   fraqu_____   portugu_____
limp_____   noruegu_____   bel_____
delicad_____   escoc_____   polon_____

> **Fique por dentro!**
> Adjetivos pátrios no feminino podem terminar em **-esa**.

3 Distribua no quadro as palavras das atividades 1 e 2.

Substantivo	Adjetivo pátrio

4 Complete as frases com os adjetivos pátrios.
Dica: todos têm a mesma terminação.

a) Tatiana e Marcos nasceram em Recife.
Eles são _____.

b) Carla nasceu no Paraná e Vítor nasceu no Ceará. Carla é _____ e Vítor é _____.

c) Quem é nascido em Campo Grande é _____.

d) Quem nasce em Belém é _____.

e) Lucas nasceu na capital do Brasil. Ele é _____.

De olho no dicionário

1 As terminações **-ez** e **-eza** formam substantivos derivados de adjetivos. No dicionário também é possível encontrar essa informação. Veja.

> **mal.va.do** *adj. s.m.* que(m) pratica ou é capaz de praticar crueldades; mau, cruel ◆ bondoso ~ **malvadez** *s.f.* – **malvadeza** *s.f.*
>
> **Minidicionário Houaiss da língua portuguesa**, de Antônio Houaiss. Rio de Janeiro: Objetiva, 2009.

a) Qual palavra é adjetivo?

_____

b) Que substantivos derivaram desse adjetivo?

_____

c) Escreva uma frase com o adjetivo e uma frase com os dois substantivos derivados.

_____
_____
_____
_____

2 Procure no dicionário o substantivo **lucidez** e copie o verbete.

_____
_____
_____
_____

- Agora, responda.

De qual adjetivo o substantivo **lucidez** foi derivado?

3) Preencha o quadro com os substantivos derivados dos adjetivos. Se precisar, consulte o dicionário.

Adjetivo	Substantivo derivado
esperto	
firme	
triste	
grande	
natural	
puro	
certo	

- Escolha do quadro um adjetivo e um substantivo e crie uma única frase com eles.

_____

4) Pesquise no dicionário os adjetivos pátrios correspondentes aos estados brasileiros a seguir.

 Paraná: _____

 Ceará: _____

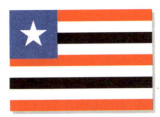 Maranhão: _____

 Pará: _____

Agora complete a frase.

Os adjetivos acima possuem a terminação _____.

Capítulo 7
Pronome pessoal do caso reto e pronome de tratamento

Leia a tirinha a seguir.

Garfield sem apetite, de Jim Davis. Porto Alegre: L&PM, 2014.

As palavras **ela** e **eu** são chamadas de **pronomes pessoais**. Veja.

Ela é pronome pessoal porque substitui o nome **natureza**.

Eu é pronome pessoal porque substitui o nome **Garfield**.

> **Pronome pessoal** é a palavra que substitui o substantivo (nome), indicando a pessoa a que ele se refere.

Os pronomes pessoais do caso reto indicam quem fala, a quem se dirige e de quem se fala.

Conheça a seguir os **pronomes pessoais do caso reto** e as pessoas a que eles se referem.

Eu indica a pessoa que fala.

Nós indica as pessoas que falam.

Tu indica a pessoa com quem se fala. Pode ser substituído por **você**.

Vós indica as pessoas com quem se fala. Pode ser substituído por **vocês**.

Ele e **ela** indicam a pessoa de quem se fala.

Eles indica as pessoas de quem se fala.

Fique por dentro!

Os pronomes **tu** e **vós** são pouco usados no Brasil. Em geral, utilizamos **você** e **vocês**.

Observe o quadro.

Pronomes pessoais do caso reto		
Singular	Plural	Refere-se à
eu	nós	1ª pessoa (quem fala)
tu	vós	2ª pessoa (com quem se fala)
ele, ela	eles, elas	3ª pessoa (de quem se fala)

Observe as cenas a seguir.

As palavras **senhor** e **você** e as expressões **Vossa Majestade** e **Vossa Excelência** são pronomes de tratamento.

Empregamos o pronome pessoal de tratamento de acordo com a pessoa com a qual falamos.

Conheça alguns pronomes de tratamento.

Pronome pessoal de tratamento	Abreviatura	Usado para
Você	v.	amigos, colegas e familiares; tratamento informal
Vossa Alteza	V. A.	príncipes e duques
Vossa Excelência	V. Ex.ª	altas autoridades do governo e das Forças Armadas
Vossa Majestade	V. M.	reis/rainhas e imperadores/imperatrizes
Vossa Santidade	V. S.	líderes religiosos notáveis, como o papa e o Dalai Lama
Vossa Senhoria	V. S.ª	autoridades em geral: chefes, diretores e pessoas a quem se quer tratar com distanciamento e respeito
senhor, senhora, senhorita	sr., sra., srta.	geralmente, pessoas mais velhas que nós; a forma **senhorita**, pouco usada, é empregada para moças solteiras

Atividades

1 Na cantiga a seguir foram omitidos os pronomes pessoais do caso reto **eu** e **tu**. Escreva-os nos espaços corretos.

Se essa rua fosse minha

Se essa rua, se essa rua fosse minha
_____ mandava, _____ mandava ladrilhar
Com pedrinhas, com pedrinhas de brilhante
Só pra ver, só pra ver meu bem passar.

Nessa rua, nessa rua tem um bosque
Que se chama, que se chama Solidão
Dentro dele, dentro dele mora um anjo
Que roubou, que roubou meu coração.

Se _____ roubei, se _____ roubei teu coração
_____ roubaste, _____ roubaste o meu também
Se _____ roubei, se _____ roubei teu coração
Foi porque, só porque te quero bem.

Cantiga popular.

2 Circule nas frases o pronome pessoal do caso reto e informe a pessoa e o número de cada um deles. Veja o exemplo.

(Nós) vamos ao teatro.
Nós – 1ª pessoa do plural

a) Eles foram ao cinema. _____

b) Eu perdi meu estojo. _____

c) Quando nós viajaremos? _____

d) Não queria que elas fossem embora. _____

3 Leia esta HQ e responda à pergunta.

Garfield, um gato em apuros, de Jim Davis. Porto Alegre: L&PM, 2009.

a) A quem se refere o pronome pessoal **eu** (primeiro e último quadrinhos)?

....

b) A quem se refere o pronome pessoal **nós** (segundo quadrinho)?

....

c) A quem se refere o pronome pessoal **eles** (quarto quadrinho)?

....

 **Fique por dentro!**
O pronome pessoal substitui o substantivo.

4 Complete as frases, substituindo as palavras destacadas por pronomes pessoais.

a) **Eu e você** já podemos ir ao clube. .... vamos à piscina.

b) **Rodrigo, Renato e Robson** são irmãos. .... moram juntos.

c) **Larissa e sua mãe** foram ao supermercado. .... fizeram compras.

5 Leia a informação e responda às questões.

As algas são plantas sem raízes nem caule. **Elas** possuem clorofila e por isso realizam a fotossíntese.

Capítulo 7 – Pronome pessoal do caso reto e pronome de tratamento

a) Que palavra do texto o pronome **elas** está substituindo?

....

b) Por que foi feita essa substituição?

....

c) A palavra **elas** é um:

◯ artigo.   ◯ substantivo.   ◯ pronome.

6 Circule os pronomes de tratamento das frases.

a) Vossa Alteza gostaria de dançar?

b) A senhora pode ler uma história para mim?

c) Você já foi à capital do Brasil?

d) Vossa Excelência é a favor do novo projeto?

o Escreva as frases acima nos balões de fala adequados.

Ortografia

as, es, is, os, us

1 Complete o poema com as palavras que o professor vai ditar.

Amarelinha

Um passo ....
Em cima da linha
É a perda do jogo
É a perda da vida

Se segue à ....
O .... no chão
.... na vida
A perder a razão.

Um .... de giz
.... com a mão
Leva-te a um céu
.... no chão.

Tigres no quintal, de Sérgio Capparelli. São Paulo: Global, 2008.

- Complete.

  Todas as palavras que você escreveu têm a vogal **i** seguida de ....

2 Procure no dicionário duas palavras que contenham as sílabas:

a) as: ....

b) es: ....

c) is: ....

d) os: ....

e) us: ....

3 Encontre e circule dez palavras no diagrama. Depois distribua-as nas colunas corretas.

P	A	S	T	E	L	A	S	S	U	S	T	A	D	O	R
Q	T	X	H	J	S	C	B	H	P	Ô	N	I	B	U	S
Z	L	M	S	T	S	D	N	M	O	S	Q	U	I	T	O
E	A	P	E	T	I	S	C	O	E	S	T	R	E	L	A
R	S	T	L	K	S	E	P	E	S	C	A	D	O	R	Q
O	S	T	R	A	N	D	E	F	I	S	C	A	L	P	F

as	es	is	os	us

4 Complete a cruzadinha com palavras com **as**, **es**, **is**, **os** e **us**.

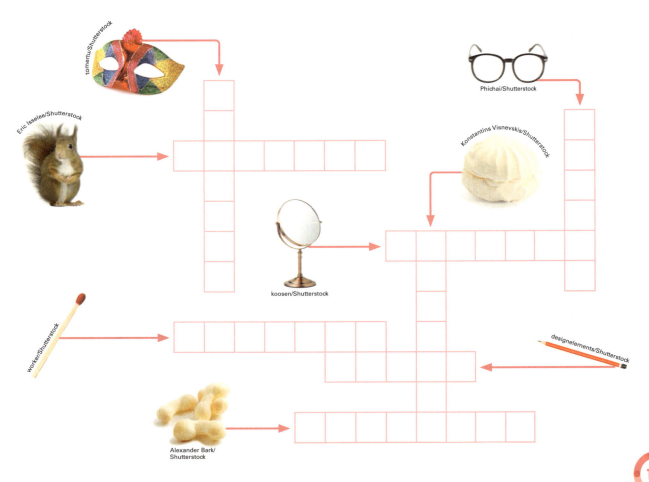

Capítulo 8 — Pronome pessoal do caso oblíquo

Leia este poema e observe as palavras destacadas.

Descoberta

Ao bosque fui,
Sim, eu fui lá
E tinha vontade
De nada achar.

Uma florzinha
Avistei então
Brilho de estrela
Na minha mão.

Eu quis colhê-**la**
E **a** ouvi falar:
— Se tu **me** quebras,
Eu vou murchar.

Com toda a raiz
A flor puxei
E ao meu jardim
Eu **a** levei.

Logo **a** plantei
Em um canteiro
E ela floresce
O ano inteiro.

Tigres no quintal, de Sérgio Capparelli. São Paulo: Global, 2008.

As palavras **la**, **a** e **me** são **pronomes pessoais do caso oblíquo**. Os pronomes **la** e **a** referem-se a **flor**. O pronome **me** refere-se a **eu**.

Os pronomes do caso oblíquo indicam quem (ou o que) recebe a ação. Por exemplo:

"Eu **a** levei."

Veja outro exemplo.

"Encontrei **os turistas** e levei-**os** até o hotel."

Conheça os pronomes pessoais do caso oblíquo.

	Pronomes pessoais	
	Caso reto	Caso oblíquo
1ª pessoa do singular	eu	me, mim, comigo
2ª pessoa do singular	tu	te, ti, contigo
3ª pessoa do singular	ele, ela	se, si, o, a, lhe, consigo
1ª pessoa do plural	nós	nos, conosco
2ª pessoa do plural	vós	vos, convosco
3ª pessoa do plural	eles, elas	se, si, os, as, lhes, consigo

Fique por dentro!

Os pronomes do caso oblíquo fazem correspondência com os pronomes do caso reto.

Os pronomes do caso oblíquo **o**, **a** podem mudar para **lo**, **la** ou **no**, **na**. Veja.

O menino vai colher **a flor**. ⟶ O menino vai colhê-**la**.

O menino vai regar **o canteiro**. ⟶ O menino vai regá-**lo**.

Os pronomes **la** e **lo** vêm após formas verbais terminadas em **r**:
colhe**r** + a ⟶ colhê-**la**
faze**r** + o ⟶ fazê-**lo**

As crianças colheram **a flor**. ⟶ As crianças colheram-**na**.

As crianças regaram **o canteiro**. ⟶ As crianças regaram-**no**.

Os pronomes **na** e **no** vêm após formas verbais terminadas em **m**:
colhera**m** + a ⟶ colheram-**na**
regara**m** + o ⟶ regaram-**no**

Atividades

1 Leia as frases e escreva a quem se referem os pronomes pessoais destacados.

a) Clara coleciona chaveiros. **Ela** já tem quarenta. Seu tio chegou de viagem e **lhe** trouxe mais quatro.

Ela ⟶ refere-se a ....

lhe ⟶ refere-se a ....

b) Quando Paulo fez 9 anos, sua avó presenteou-**o** com a bicicleta que **ele** queria.

o ⟶ refere-se a ....

ele ⟶ refere-se a ....

c) Renato, **eu** gostaria de ouvir de novo aquela música que **você** cantou ontem para **mim**.

eu ⟶ refere-se a ....

você ⟶ refere-se a ....

mim ⟶ refere-se a ....

2 Nas frases a seguir, a quais pronomes pessoais do caso reto os pronomes oblíquos destacados correspondem?

a) Após anos, reencontrei Paulo e dei-**lhe** um forte abraço.

....

b) Filho, eu e seu pai estamos saindo. Quer passear **conosco**?

....

c) Ana **me** ligou e disse que iria ao cinema com suas amigas.

....

d) A menina estava doente, mas não gostava da ideia de não poder brincar. Por fim, convenceram-**na** a não sair na chuva.

3 Reescreva as frases, substituindo as palavras destacadas pelo pronome pessoal do quadro.

> lhe   as   no   ele   elas

a) **O aluno** não fez a lição.

....

b) Lave **as mãos** depois de ir ao banheiro.

....

c) Camila entregou **ao professor** sua pesquisa.

....

d) Encontraram **o gato** em cima do telhado.

....

e) **Julia e Elis** regaram as plantas.

....

4 Leia as frases. Depois copie os pronomes destacados, classifique-os e indique qual substantivo eles substituem.

a) — Alguém viu meu livro?

— Alex **o** escondeu.

....

b) — Os bombeiros já tiraram todas as pessoas do prédio?

— Não, mas **eles** vão tirá-**las**.

....

....

c) **Eu** comprei uma blusa e **a** dei de presente para minha prima.

....

....

Ortografia

h inicial; lh, li

ORA! VOCÊ DEMOROU MUITO! ESTOU ESPERANDO HÁ UMA **HORA**.

1 Leia a fala da menina em voz alta e compare o som inicial das palavras destacadas.

- Agora, complete.

    A letra _____ não tem som quando aparece no _____ da palavra.

2 Leia em voz alta.

Palavras com **h** inicial				
Haiti	helicóptero	hidroginástica	hóspede	humano

Palavras sem **h** inicial				
amor	espaço	invisível	orelha	umbigo

- Agora, escreva uma frase com uma palavra de cada quadro.

_____

3 Leia a frase, atentando para a pronúncia das palavras destacadas.

> Derramei sopa de **lentilha** na **mobília** nova!

- Compare as duas palavras e complete a informação abaixo.

    lenti**lh**a   mobí**li**a

    O som de _____ e de _____ é muito parecido.

Capítulo 8 – Pronome pessoal do caso oblíquo

4. Complete as palavras com **h**, se necessário. Se tiver dúvida, consulte o dicionário.

......umor   ......ouvido   ......alfaiate   ......ino

......eucalipto   ......úmido   ......orário   ......arpa

......álito   ......élice   ......oriental   ......idade

5. Complete as palavras com **li** ou **lh**.

(T) Brasí......a   (A) pasti......a   (L) pa......aço

(B) sobrance......a   (S) assoa......o   (R) auxí......o

(E) Natá......a   (R) imobi......ária   (A) sandá......a

(R) agasa......o   (I) espanta......o

a) Copie as letras dos círculos cujas palavras você completou com **li**. Se aparecer o nome do nosso planeta, você acertou!

....

b) Copie as letras dos círculos cujas palavras você completou com **lh**. Se aparecer o nome de nosso país, parabéns!

....

6. Escreva o diminutivo das palavras.

abelha → ....   joelho → ....

modelo → ....   amarela → ....

folha → ....   filho → ....

coelho → ....   vermelha → ....

Fique por dentro!

As palavras terminadas em **la** ou **lo** têm **li** no diminutivo. As terminadas em **lha** ou **lho** têm **lhi** no diminutivo.

Ideias em ação

Observe a cena.

○ Agora, preencha o quadro com elementos da cena, fazendo a concordância com um artigo e um adjetivo. Veja o exemplo.

Artigo	Substantivo masculino	Substantivo feminino	Adjetivo
os/uns	pães/pãezinhos	–	saborosos

Capítulo 1 — Numeral

Leia este poema.

> Nesta vida pode-se
> Aprender três coisas
> De uma criança:
> Estar sempre alegre,
> Nunca ficar inativo
> E chorar com força
> Por tudo o que se quer.

Em: **Poemas que escolhi para as crianças**, de Paulo Leminski. Antologia de Ruth Rocha. São Paulo: Moderna, 2013.

O autor usou a palavra **três** para expressar a ideia da quantidade de coisas que se podem aprender com uma criança. A palavra **três** é chamada de **numeral**.

Numeral é a palavra que indica quantidade ou ordem em uma sequência.

Os numerais podem ser classificados em:

- **Cardinais** – indicam a quantidade exata de seres: um, dois, etc.

As melhores tiras da Mônica, de Mauricio de Sousa. São Paulo: Panini Comics, 2008.

- **Ordinais** – indicam ordem, posição: primeiro, segundo, etc.

As melhores tiras da Mônica, de Mauricio de Sousa. São Paulo: Panini Comics, 2008.

- **Multiplicativos** – indicam o número de vezes que uma quantidade é multiplicada: dobro (duplo), triplo, etc.

Esta casa tem o **dobro** do tamanho desta.

- **Fracionários** – indicam partes de uma quantidade: meio (metade), um terço, etc.

Hugo deu **um terço** do seu chocolate para Beto.

Numerais

Cardinais	Ordinais	Multiplicativos	Fracionários
1 um	primeiro	—	—
2 dois	segundo	dobro/duplo	meio/metade
3 três	terceiro	triplo	terço
4 quatro	quarto	quádruplo	quarto
5 cinco	quinto	quíntuplo	quinto
6 seis	sexto	sêxtuplo	sexto
7 sete	sétimo	sétuplo	sétimo
8 oito	oitavo	óctuplo	oitavo
9 nove	nono	nônuplo	nono
10 dez	décimo	décuplo	décimo
11 onze	décimo primeiro ou undécimo	undécuplo	onze avos
12 doze	décimo segundo ou duodécimo	duodécuplo	doze avos
13 treze	décimo terceiro	—	treze avos
14 catorze/quatorze	décimo quarto	—	catorze/quatorze avos
15 quinze	décimo quinto	—	quinze avos
16 dezesseis	décimo sexto	—	dezesseis avos
17 dezessete	décimo sétimo	—	dezessete avos
18 dezoito	décimo oitavo	—	dezoito avos
19 dezenove	décimo nono	—	dezenove avos
20 vinte	vigésimo	—	vinte avos
30 trinta	trigésimo	—	trinta avos
40 quarenta	quadragésimo	—	quarenta avos
50 cinquenta	quinquagésimo	—	cinquenta avos
60 sessenta	sexagésimo	—	sessenta avos
70 setenta	septuagésimo	—	setenta avos
80 oitenta	octogésimo	—	oitenta avos
90 noventa	nonagésimo	—	noventa avos
100 cem	centésimo	cêntuplo	centésimo
200 duzentos	ducentésimo	—	ducentésimo
300 trezentos	trecentésimo	—	trecentésimo
400 quatrocentos	quadringentésimo	—	quadringentésimo
500 quinhentos	quingentésimo	—	quingentésimo
600 seiscentos	sexcentésimo	—	sexcentésimo
700 setecentos	setingentésimo	—	setingentésimo
800 oitocentos	octingentésimo	—	octingentésimo
900 novecentos	nongentésimo	—	nongentésimo
1 000 mil	milésimo		milésimo

Atividades

1 Que numerais são citados no texto abaixo? Circule-os.

Como nascem os *games*

Da primeira ideia do personagem até chegar às suas mãos, o processo de criação de um novo jogo pode demorar até três anos!

Você já parou para pensar em como são criados os *videogames*? Felipe Lomeu, um dos fundadores da Pxtoy, um estúdio de desenvolvimento de *mobile games*, mostra como nasceu *Break Loose*, um jogo de ação e correria em que é preciso fugir de zumbis! "Desenvolver um novo *game* pode levar até três anos e envolve o trabalho de mais de 20 pessoas", diz. [...]

Recreio *Games*. Organização: Fernanda Santos. São Paulo: Abril, 2014.

a) Das palavras circuladas, qual expressa a ideia de posição em uma sequência?

....

b) Escreva o numeral que indica a quantidade de anos que a criação de um novo jogo pode demorar. ....

c) Escreva, por extenso, a quantidade de pessoas envolvidas no desenvolvimento de um novo *game*. ....

2 Preencha as frases com numerais.

a) Luís tem 9 anos. Seu avô tem o .... da sua idade, pois ele tem 90 anos.

b) Mara ganhou 20 reais da sua tia e gastou 5 reais. Ela gastou .... do total.

c) Uma dezena de bananas são ....

d) Meia dúzia são ....

3 Leia esta receita.

Milk-shake de morango

Ingredientes:
1 e 1/2 xícara de chá de morangos limpos e picados
2 copos de leite gelado
6 cubos de gelo

Modo de preparo:
Junte todos os ingredientes no liquidificador e bata até obter um creme. Coloque em duas taças e sirva.

Rendimento: 2 porções

a) Complete com numerais.

A receita está organizada em _____ partes. A _____ parte são os ingredientes e a _____ parte é o modo de preparo.

b) Copie do texto:

os numerais cardinais: _____

o numeral fracionário: _____

4 Leia este texto e responda às questões na página seguinte.

Pesos e medidas no Brasil

No Brasil, as unidades de medida francesas foram adotadas em 1862, quando o imperador D. Pedro II assinou a Lei n. 1 157, que decretava "substituir em todo o Império o atual sistema de pesos e medidas pelo sistema métrico francês". Em 1875, o Brasil, junto com mais 17 países, tomou parte da "Convenção do metro", que padronizava as unidades de medidas em todas as regiões que assinaram o acordo.

Ciência Hoje das Crianças. Rio de Janeiro, SBPC, ano 26, n. 249, set. 2013.

a) Em que ano foram adotadas as unidades de medida do Brasil?

....

o Escreva esse algarismo por extenso.

....

b) Copie do texto o algarismo que indica a posição do imperador e o número da lei por ele assinada.

....

c) Com o Brasil, quantos países tomaram parte da "Convenção do metro"?

....

5 Observe a quarta capa de um gibi.

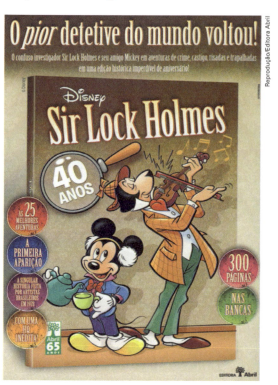

Zé Carioca, n. 2411. São Paulo: Abril, 2015.

o Copie todos os numerais que aparecem na quarta capa e explique o que indicam.

....

....

....

mas/mais

1 Leia o *e-mail* que Artur enviou para Raquel.

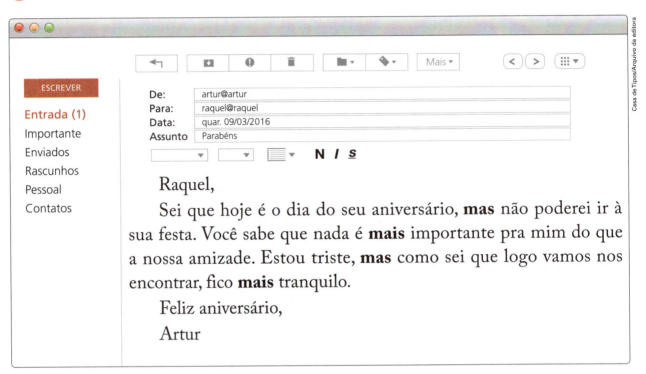

No texto do *e-mail* foram empregadas as palavras **mas** e **mais**. Observe a diferença.

- **mas** ⟶ dá ideia de oposição ao que foi expresso antes. Tem a mesma função de **porém**, **contudo**, **entretanto**.

- **mais** ⟶ dá ideia de intensidade ou quantidade; é o contrário de **menos**.

2 Complete as frases com **mas** ou **mais**.

a) Gostaria de ficar _____ um pouco, _____ tenho um compromisso mais tarde.

b) Quanto _____ perto estava do fim, o jogo ficava _____ emocionante.

c) A equipe A tinha mais pontos, _____ a equipe B virou o jogo e venceu a partida.

d) Responda rápido: quanto é 20 _____ 20?

e) Coloquei _____ dois lápis no estojo, _____ não precisei usá-los.

3 Reescreva as frases, substituindo **mas** por **porém**.

a) Ele ia sair, mas desistiu por causa da chuva.

_____

_____

b) Corri bastante, mas não cheguei a tempo.

_____

_____

4 Marque um **X** nas frases em que as palavras destacadas podem ser substituídas por **mais**.

○ Hoje comi **menos** do que ontem.

○ Todos venceremos, **todavia** é preciso colaborar.

○ Eu li o livro, **contudo** não entendi o final.

○ O carro novo corre **menos** que o velho.

○ Fui até a sua casa, **porém** não o encontrei.

○ Prefiro café com **menos** açúcar.

5 Em uma folha de papel, escreva um bilhete para um colega pedindo algo emprestado. Use as palavras **mas** e **mais**.

Capítulo 2 — Verbo: pessoa, número, tempo e modo

Observe a cena.

Na cena acima, observamos pessoas realizando diferentes ações, que são expressas por **verbos**. Veja.

> O casal **passeia** na praça.
> Os meninos **jogam** bola.
> A moça **lê** um livro.
> O cão **corre** atrás da bola.
> A menina **compra** algodão-doce.

As palavras que exprimem ações são chamadas de **verbos**.

Além de ações, os verbos também indicam:

- **estado** ou **mudança de estado**:

> O aluno novo **está** sozinho no pátio.
> Os telespectadores **ficaram** surpresos com a notícia.

- **fenômeno da natureza**:

> Durante o verão, **chove** muito em nossa região.

Verbos são palavras que podem indicar **ação**, **estado** ou **fenômeno da natureza**.

A terminação dos verbos varia para indicar a **pessoa** (eu, tu, etc.) e o **número** (singular ou plural). Veja o quadro.

Pessoa	Singular	Plural
1ª pessoa (quem fala)	Eu **respeito** os animais.	Nós **respeitamos** os animais.
2ª pessoa (com quem se fala)	Tu **respeitas** os animais.	Vós **respeitais** os animais.
	Você **respeita** os animais.	Vocês **respeitam** os animais.
3ª pessoa (de quem se fala)	Ele/Ela **respeita** os animais.	Eles/Elas **respeitam** os animais.

Os verbos variam também para indicar o **tempo** em que a ação, o fato ou o fenômeno expressos ocorrem. São três tempos básicos. Veja.

- **presente** ⟶ Eles **fazem** um bolo.

- **passado** ⟶ Eles **fizeram** um bolo.

- **futuro** ⟶ Eles **farão** um bolo.

Os verbos variam, ainda, para indicar o **modo** como a ação, o fato ou o fenômeno ocorrem. Veja.

- **indicativo** ⟶ quando o fato é certo.

  Hoje **almocei** com meus avós.

- **subjuntivo** ⟶ quando o fato é incerto, possível.

  Todos esperam que eu **vença** o campeonato.

- **imperativo** ⟶ quando é um pedido, uma ordem ou um conselho.

  Economize energia elétrica.

Atividades

1 Leia os cuidados que Ana tem para estar sempre saudável e circule os verbos que indicam ações que ela pratica.

a) Tomo banho todos os dias, lavo e limpo as orelhas.

b) Escovo os dentes depois das refeições.

c) Pratico esportes e brinco ao ar livre.

d) Sempre como frutas e legumes.

2 Leia as frases e responda às questões.

| A | O menino **brincava** na praia. | B | Os meninos **brincavam** na praia. |

a) Quem brincava na frase A?

_____

b) Quem brincava na frase B?

_____

c) O que aconteceu com o verbo da frase B em relação ao da frase A?

_____

_____

Fique por dentro!

Os verbos podem ser flexionados em **pessoa** (1ª, 2ª ou 3ª), em **número** (singular e plural), em **tempo** (presente, passado, futuro) e em **modo** (indicativo, subjuntivo, imperativo).

3 Troque as palavras destacadas pelos pronomes pessoais **ele** ou **eles**.

a) Marcelo come frutas todos os dias.

_____

b) Os dois irmãos saíram juntos.

4 Leia as frases.

> Nós **estamos** cansados de tanto correr!
> Eu **estou** com muito sono!
> Ela **está** ansiosa para sua festa de aniversário!
> Como esse menino **está** grande!

- Os verbos destacados indicam:

  ( ) ação.   ( ) estado.   ( ) mudança de estado.

5 Marque um **X** nas frases em que os verbos indicam fenômenos da natureza.

( ) Gosto de escutar o barulho da chuva.

( ) Choveu muito ao entardecer.

( ) Como eu amo a natureza!

( ) Ventou muito durante a madrugada.

( ) Relampejou demais antes da chuva.

6 Leia os quadrinhos e responda à questão:

Cascão, de Mauricio de Sousa. São Paulo: Panini Comics, n. 4, ago. 2015.

- Em que tempo estão os verbos empregados nos quadrinhos?

....

7 O livro **O Pequeno Príncipe** conta a história do encontro de um piloto e um menino que acabam se tornando amigos no deserto do Saara. Leia o início dessa história.

> Quando eu tinha seis anos, vi num livro sobre as aventuras na selva uma imagem impressionante. Era uma jiboia engolindo uma fera. Meditei muito e fiz, com lápis de cor, meu desenho número 1. [...]
>
> Mostrei minha obra-prima às pessoas grandes e perguntei se o meu desenho lhes dava medo. Responderam:
>
> Por que é que um chapéu daria medo?
> [...]
>
> **O Pequeno Príncipe para crianças**, de Antoine de Saint-Exupéry. Adaptação e tradução: Geraldo Carneiro e Ana Paula Pedro. Rio de Janeiro: Agir, 2015.

a) Copie os verbos do texto.

b) Os verbos desse texto estão no presente, passado ou futuro?

Capítulo 2 – Verbo: pessoa, número, tempo e modo

8 Observe os quadros 1 e 2.

1 arrumar
Tu **arrumas** os brinquedos.
Tu **arrumaste** os brinquedos.
Tu **arrumarás** os brinquedos.

2 saber
Nós **sabemos** de tudo.
Nós **soubemos** de tudo.
Nós **saberemos** de tudo.

a) Siga os exemplos acima e complete as frases do quadro A com o verbo **entregar** e do quadro B com o verbo **fazer**.

A entregar
Tu _____ a encomenda.
Tu _____ a encomenda.
Tu _____ a encomenda.

B fazer
Nós _____ a lição.
Nós _____ a lição.
Nós _____ a lição.

b) Complete.

O pronome **tu** corresponde à _____ pessoa do _____.

O pronome **nós** corresponde à _____ pessoa do _____.

A primeira frase de cada quadro está no tempo _____; a segunda está no tempo _____ e a terceira está no tempo _____.

9 Escreva um pequeno texto contando um pouco de sua história: como você era quando bebê, como você é hoje e como acha que será no futuro. **Dica**: utilize as expressões "antes eu **era**", "hoje eu **sou**", "daqui a alguns anos eu **serei**".

Ortografia

-rão, -ram

1 Leia esta tirinha.

Tibica: o defensor da Ecologia, de Canini. São Paulo: Formato Editorial, 2010.

a) Qual verbo aparece na fala da planta? ....

b) Em que tempo está esse verbo? ....

c) Complete a fala da planta escrevendo o verbo no futuro.

> E por que te .... ?

d) Agora complete a informação.

Usamos a terminação verbal **-ram** no tempo .... e a terminação verbal **-rão** no tempo ....

2 Marque um **X** nos verbos que estão no futuro.

○ fugiram   ○ lerão   ○ conversarão
○ resolverão   ○ pintaram   ○ decidiram
○ brincam   ○ votarão   ○ aprenderam
○ sorriram   ○ sentirão   ○ escreverão

○ Agora, escreva no futuro os verbos que você não assinalou.

216 Capítulo 2 – Verbo: pessoa, número, tempo e modo

3 Leia as frases, analise seu sentido e complete os verbos com **-ram** ou **-rão**.

a) Na reunião de ontem os pais ouvi_____ os elogios dos professores.

b) No mês que vem meus primos viaja_____ para a Europa.

c) Na semana passada os alunos do 4º ano se organiza_____ em grupos e realiza_____ uma campanha pela preservação da natureza.

d) Amanhã os gêmeos Marco e Lucas completa_____ nove anos de idade.

Fique por dentro!
Usamos **-ram** no passado e **-rão** no futuro.

4 Marque um **X** na alternativa correta. Depois, escreva uma frase em cada item para comprovar suas escolhas.

a) Os verbos com as terminações **-ram** e **-rão**:

○ estão no singular.

○ estão no plural.

Frase: _____

b) A terminação **-rão**:

○ só é empregada no futuro.

○ só é empregada no passado.

Frase: _____

c) A terminação **-ram**:

○ é empregada somente no futuro.

○ é empregada somente no passado.

Frase: _____

Capítulo 3
Verbo no infinitivo e conjugações verbais

Leia o seguinte poema.

Memória de elefante

Extrair do elefante
o poder da memória.
Essa foi uma longa história.
O que vinha antes
nunca mais era esquecido,
já emendava no durante.
O passado não passava,
ficava pra sempre vivo.
No início, parecia uma boa,
mas, com o tempo,
se revelou uma fragilidade.
Qualquer pessoa, de qualquer idade,
sempre tem coisas
que é melhor **esquecer**.
Quem sofreu uma vez
não quer mais **sofrer**.
Lembrar pra sempre de tudo?
é melhor **viver** o momento.
O esquecimento é um escudo.

A moda genética, de Ricardo Silvestrin. São Paulo: Ática, 2009.

Os verbos **extrair**, **esquecer**, **sofrer**, **lembrar** e **viver** não indicam o tempo em que as ações do poema foram realizadas nem quem realiza as ações.

> Quando não indicam tempo nem pessoa, os verbos terminam em **-ar**, **-er** ou **-ir**. Dizemos que esses verbos estão no **infinitivo**.

Todos os verbos na língua portuguesa pertencem a apenas três grandes grupos, chamados de **conjugações**.

- **1ª conjugação** → verbos terminados em **-ar**.

  Exemplos: andar, falar, comprar, estudar, brincar.

- **2ª conjugação** → verbos terminados em **-er**.

  Exemplos: vender, comer, querer, perder, escrever.

- **3ª conjugação** → verbos terminados em **-ir**.

  Exemplos: dividir, ouvir, abrir, vestir, sair.

A seguir você verá um modelo de cada conjugação verbal em todos os tempos do **modo indicativo**. Consulte-o sempre que precisar.

Fique por dentro!

O modo indicativo expressa um fato certo, que ocorre com certeza.

Verbo falar – 1ª conjugação		
Modo indicativo		
Presente	Pretérito perfeito	Pretérito imperfeito
Eu fal**o** Tu fal**as** Ele/Ela fal**a** Nós fal**amos** Vós fal**ais** Eles/Elas fal**am**	Eu fal**ei** Tu fal**aste** Ele/Ela fal**ou** Nós fal**amos** Vós fal**astes** Eles/Elas fal**aram**	Eu fal**ava** Tu fal**avas** Ele/Ela fal**ava** Nós fal**ávamos** Vós fal**áveis** Eles/Elas fal**avam**
Pretérito mais-que-perfeito	Futuro do presente	Futuro do pretérito
Eu fal**ara** Tu fal**aras** Ele/Ela fal**ara** Nós fal**áramos** Vós fal**áreis** Eles/Elas fal**aram**	Eu fal**arei** Tu fal**arás** Ele/Ela fal**ará** Nós fal**aremos** Vós fal**areis** Eles/Elas fal**arão**	Eu fal**aria** Tu fal**arias** Ele/Ela fal**aria** Nós fal**aríamos** Vós fal**aríeis** Eles/Elas fal**ariam**

Verbo escrever – 2ª conjugação

Modo indicativo

Presente	Pretérito perfeito	Pretérito imperfeito
Eu escrevo	Eu escrevi	Eu escrevia
Tu escreves	Tu escreveste	Tu escrevias
Ele/Ela escreve	Ele/Ela escreveu	Ele/Ela escrevia
Nós escrevemos	Nós escrevemos	Nós escrevíamos
Vós escreveis	Vós escrevestes	Vós escrevíeis
Eles/Elas escrevem	Eles/Elas escreveram	Eles/Elas escreviam

Pretérito mais-que-perfeito	Futuro do presente	Futuro do pretérito
Eu escrevera	Eu escreverei	Eu escreveria
Tu escreveras	Tu escreverás	Tu escreverias
Ele/Ela escrevera	Ele/Ela escreverá	Ele/Ela escreveria
Nós escrevêramos	Nós escreveremos	Nós escreveríamos
Vós escrevêreis	Vós escrevereis	Vós escreveríeis
Eles/Elas escreveram	Eles/Elas escreverão	Eles/Elas escreveriam

Verbo dividir – 3ª conjugação

Modo indicativo

Presente	Pretérito perfeito	Pretérito imperfeito
Eu divido	Eu dividi	Eu dividia
Tu divides	Tu dividiste	Tu dividias
Ele/Ela divide	Ele/Ela dividiu	Ele/Ela dividia
Nós dividimos	Nós dividimos	Nós dividíamos
Vós dividis	Vós dividistes	Vós dividíeis
Eles/Elas dividem	Eles/Elas dividiram	Eles/Elas dividiam

Pretérito mais-que-perfeito	Futuro do presente	Futuro do pretérito
Eu dividira	Eu dividirei	Eu dividiria
Tu dividiras	Tu dividirás	Tu dividirias
Ele/Ela dividira	Ele/Ela dividirá	Ele/Ela dividiria
Nós dividíramos	Nós dividiremos	Nós dividiríamos
Vós dividíreis	Vós dividireis	Vós dividiríeis
Eles/Elas dividiram	Eles/Elas dividirão	Eles/Elas dividiriam

1 Leia o texto.

A escolinha da Serafina

Este meu gosto, meu amor pelos diários começou cedo, quero dizer, desde que aprendi a ler e a escrever e passei para a segunda série com ótimas notas. O presente que ganhei da professora? Um diário com cadeado, que ainda tenho guardado numa caixa forrada com papel de seda.

Esse foi o primeiro de muitos, pois sempre estão acontecendo coisas importantes na minha vida. E, toda vez que acontece uma importantíssima, preciso começar um diário novo, mesmo que as páginas do outro ainda não tenham acabado. Bem, mas eu não desperdiço papel, não. Volto depois, em outra hora, pulo umas duas páginas, dobro as pontas da outra para dentro e escrevo, por exemplo, "Diário das férias no Ribeirão Fundo", que é o sítio dos meus avós.

[...]

A escolinha da Serafina, de Cristina Porto. São Paulo: Ática, 2006.

a) O relato de Serafina refere-se a acontecimentos do:

◯ presente. ◯ passado. ◯ futuro.

b) Na frase "Bem, mas eu não **desperdiço** papel, não.", o verbo destacado refere-se a um acontecimento do:

◯ presente. ◯ passado. ◯ futuro.

c) Reescreva a frase do item **b** usando o verbo **desperdiçar** na 1ª pessoa do singular do futuro do presente.

2 Observe alguns verbos do texto **A escolinha da Serafina**.

| começou | aprendi | passei | ganhei | acontece |
| preciso | desperdiço | pulo | dobro | escrevo |

a) Copie esses verbos na coluna adequada, na forma do infinitivo.

1ª conjugação (-ar)	2ª conjugação (-er)	3ª conjugação (-ir)

b) Alguma coluna ficou vazia? Por quê?

_____

_____

o Complete a coluna com exemplos de verbos dessa conjugação.

3 Marque um **X** nas frases em que o verbo está no **infinitivo**.

◯ Nós caminhamos no calçadão ontem.

◯ É muito bom caminhar ao ar livre!

◯ Amanhã caminharemos na praia.

◯ Caminhar faz bem para a saúde.

◯ O médico nos recomendou caminhar todos os dias.

◯ Caminhei quatro quilômetros na trilha.

4 Reescreva as frases passando os verbos do presente para o tempo solicitado.

a) Minha mãe e eu fizemos bolo de chocolate. (pretérito imperfeito)

....

b) Eles ouvem a palestra até o fim. (futuro do presente)

....

c) Júlio joga basquete. (pretérito perfeito)

....

d) Ela canta muito bem. (futuro do pretérito)

....

5 Leia este texto e escreva em que tempo estão os verbos destacados.

Preste atenção na aula!

De forma geral, todas as disciplinas que você **estuda** no ensino básico **ajudam** a formar um banco de conhecimentos dentro do seu cérebro que **será** útil em várias situações. A cultura nem sempre **tem** uma utilidade direta, objetiva, mas, quanto mais conhecimento você tiver, em diversas áreas, mais condições **terá** de **escolher** bem a sua carreira, pois **saberá** do que **gosta** e do que não gosta de fazer.

Escolha profissional, de Mauricio de Sousa e Antonio Carlos Vilela. São Paulo: Melhoramentos, 2011. (Turma da Mônica Jovem.)

estuda: .... terá: ....

ajudam: .... escolher: ....

será: .... saberá: ....

tem: .... gosta: ....

6 Leia as frases e complete o quadro. Veja o exemplo.

a) André **subiu** e **desceu** as escadas.

b) **Falaremos** amanhã com o diretor.

c) Durante a aula a professora **lê** diversos textos para a classe.

d) Eu **sorri** enquanto minha mãe me **abraçava** na porta da escola.

Verbo	Pessoa	Tempo	Infinitivo	Conjugação
subiu	3ª do singular	pretérito perfeito	subir	3ª

7 É comum usarmos, na linguagem informal, os verbos no presente para expressar tempo futuro. Marque um **X** na frase que mostra isso.

◯ Amanhã cedinho eu passarei na sua casa.

◯ Amanhã cedinho eu passo na sua casa.

Ortografia

-ar, -izar

1 Observe e leia.

aviso ⟶ avis**ar**   final ⟶ final**izar**

Quando a palavra primitiva tem **s** na última sílaba, usa-se a terminação **-ar** para formar verbos: avi**s**o ⟶ avi**s**ar.

Quando a palavra primitiva não tem **s** na última sílaba, usa-se a terminação **-izar** para formar verbos: final ⟶ finali**z**ar.

2 Com estes substantivos, forme verbos terminados em **-ar** ou **-izar**.

pesquisa: _____   profeta: _____

piso: _____   paralisia: _____

análise: _____   revisão: _____

harmonia: _____   improviso: _____

- Agora, forme verbos terminados em **-ar** ou **-izar** com estes adjetivos.

civil: _____   atual: _____

legal: _____   moderno: _____

útil: _____   liso: _____

De olho no dicionário

1 Como você já aprendeu, no dicionário não encontramos os verbos flexionados. Eles aparecem no infinitivo, sem indicar tempo, modo, número ou pessoa. Releia este trecho do texto **A escolinha da Serafina**.

"Bem, mas eu não **desperdiço** papel, não."

des.per.di.*çar*

v.

1. Gastar descomedidamente ou sem proveito; DESAPROVEITAR; ESBANJAR; ESPERDIÇAR: *desperdiçar papel/energia*

Dicionário Aulete digital. Disponível em: <www.aulete.com.br/desperdi%C3%A7ar>. Acesso em: 18 dez. 2015.

a) Logo após o verbete há uma abreviatura: v. O que ela significa?

....

b) A qual conjugação pertence esse verbo? Por quê?

....

2 Leia o texto e observe os verbos destacados. Depois, escreva no quadro a forma como eles são encontrados no dicionário e a sua conjugação.

Seres submarinos

É difícil saber o que eles são. Alguns **parecem** plantas, outros **lembram** pedras e há os que têm mais jeito de... alienígenas. Parece incrível, mas os corais são animais.

Eles **podem** ter várias formas e cores, de acordo com cada espécie, e seu corpo é formado por tubos minúsculos, que podem ser duros ou flexíveis e que se **fixam** no fundo do mar.

Recreio. São Paulo, Abril, ano 10, n. 513, 30 dez. 2009.

Verbo	Forma encontrada no dicionário	Conjugação

3 Em um dicionário, procure o que se pede a seguir.

a) Um verbo da 1ª conjugação que indica ação.

....

b) Um verbo da 2ª conjugação que indica fenômeno da natureza.

....

c) Um verbo da 3ª conjugação que indica ação.

....

d) Um verbo da 1ª conjugação que indica fenômeno da natureza.

....

○ Agora, escreva um pequeno texto narrativo usando esses verbos. Continue do trecho abaixo.

Pâmela estava na casa de sua avó. Era sábado e ela queria muito brincar no quintal, mas...

Capítulo 4 — Verbo pôr

O verbo **pôr** pertence à 2ª conjugação, porque em português antigo sua forma era po**er**. Com o passar do tempo, perdeu a vogal **e**, sobrando somente **pôr**.

O verbo **pôr** é chamado de **irregular**, pois ele não segue nenhum modelo de conjugação. Ele sofre muitas alterações nas suas formas.

Observe a conjugação do verbo **pôr** no modo indicativo.

Verbo pôr – 2ª conjugação		
Modo indicativo		
Presente	**Pretérito perfeito**	**Pretérito imperfeito**
Eu ponho	Eu pus	Eu punha
Tu pões	Tu puseste	Tu punhas
Ele/Ela põe	Ele/Ela pôs	Ele/Ela punha
Nós pomos	Nós pusemos	Nós púnhamos
Vós pondes	Vós pusestes	Vós púnheis
Eles/Elas põem	Eles/Elas puseram	Eles/Elas punham
Pretérito mais-que-perfeito	**Futuro do presente**	**Futuro do pretérito**
Eu pusera	Eu porei	Eu poria
Tu puseras	Tu porás	Tu porias
Ele/Ela pusera	Ele/Ela porá	Ele/Ela poria
Nós puséramos	Nós poremos	Nós poríamos
Vós puséreis	Vós poreis	Vós poríeis
Eles/Elas puseram	Eles/Elas porão	Eles/Elas poriam

O verbo **pôr** deu origem a vários verbos. Veja alguns.

compor	repor	impor	expor
supor	propor	sobrepor	transpor

Fique por dentro!

Todos os verbos derivados de **pôr** se conjugam como ele.

Atividades

1 Marque um **X** na forma do verbo **pôr**:

a) No pretérito perfeito, na 2ª pessoa do singular.

○ ponho ○ puseste ○ pusestes ○ punhas

b) No futuro do pretérito, na 3ª pessoa do plural.

○ poriam ○ poríamos ○ porão ○ pusera

c) No presente, na 1ª pessoa do singular.

○ porias ○ puseram ○ poremos ○ ponho

d) No pretérito imperfeito, na 3ª pessoa do plural.

○ pondes ○ poremos ○ punham ○ pusera

2 Leia o diálogo.

○ Agora, reescreva as falas substituindo os verbos **colocou** e **colocarei** pelo verbo **pôr**.

230 Capítulo 4 – Verbo pôr

3 Observe as cenas e complete as frases usando adequadamente o verbo **pôr**.

Ontem, a galinha .... alguns ovos.

Hoje, a galinha .... ovos.

Amanhã, a galinha .... ovos.

4 Leia as frases, observe os verbos destacados e marque um **X** no quadrinho correto.

a) A menina **põe** a tiara no cabelo.

b) Mamãe **pôs** a roupa no varal.

c) Nós **pusemos** os anéis nos dedos.

d) Não **ponho** açúcar no leite.

e) As tartarugas **puseram** ovos na areia.

f) **Pus** um blusão assim que esfriou.

g) Tu **porias** este livro na tua bolsa?

	Pessoa			Número	
	1ª	2ª	3ª	Singular	Plural
a)					
b)					
c)					
d)					
e)					
f)					
g)					

5 Circule os verbos e passe as frases para o plural.

a) Ela pôs a comida na geladeira.

....

b) Eu ponho uniforme para ir à escola.

....

por que, porque

Leia a piada com os colegas.

Sempre atrasado

O aluno entra atrasado pelo portão da escola. O porteiro pergunta:
— **Por que** você está atrasado?
— **Porque** eu segui o que a placa diz.
— Que placa?
— A placa que diz: "Escola. Devagar.".

Meu primeiro livro de piadas, de Ângela Finzetto. Blumenau: Todolivro, 2012.

Observe que a pronúncia das palavras destacadas é igual, mas a escrita e o significado são diferentes. Veja.

- **por que** (separado) ⟶ é usado quando se faz uma pergunta; equivale a "por que razão", "por que motivo".

- **porque** (junto) ⟶ é usado quando se responde a uma pergunta ou quando se dá uma explicação.

1 Complete as frases com **por que** ou **porque**.

a) _____ você está sempre com sono?

b) As meninas gritaram _____ se assustaram.

c) Estou suado _____ corri muito.

d) _____ eu estou sorrindo? Ora, _____ estou feliz!

e) _____ não podemos ir à praia?

f) Eles estão cansados _____ trabalharam o dia todo.

2 Escreva uma pergunta e uma resposta para as frases a seguir. Veja o exemplo.

> A menina está feliz **porque** ganhou um gatinho.
> **Por que** a menina está feliz?
> **Porque** ganhou um gatinho.

a) As pessoas viajam porque desejam conhecer novos lugares.

....

....

b) O funcionário saiu mais cedo porque não estava se sentindo bem.

....

....

c) Marcos não foi ao passeio porque perdeu a hora.

....

....

3 Em uma entrevista, uma pessoa faz perguntas e a outra responde. Imagine e escreva duas perguntas que o entrevistador poderia fazer a um jogador que acabou de fazer um gol decisivo para a vitória do seu time no minuto final do jogo. Escreva também as respostas do jogador. Use adequadamente **por que** e **porque**.

1. ....

2. ....

Capítulo 5 — Sujeito e predicado

Leia a frase.

> A girafa dorme somente duas horas por dia.

A frase acima constitui uma **oração**.

> **Oração** é uma palavra ou um conjunto de palavras que transmite uma informação. A oração se organiza em torno de um verbo.

Observe.

A girafa — sujeito

dorme somente duas horas por dia. — predicado

A oração apresenta dois elementos principais: o **sujeito** e o **predicado**.

> **Sujeito** é o ser sobre o qual se informa alguma coisa.
> **Predicado** é aquilo que se informa a respeito do sujeito.

Veja mais estes exemplos:

Os jogadores (sujeito) chegaram animados. (predicado)

As crianças (sujeito) brincam no parque. (predicado)

Sílvia (sujeito) não foi à escola. (predicado)

Fique por dentro!
Toda oração tem verbo.
O verbo pertence ao predicado.

1) Leia os quadrinhos.

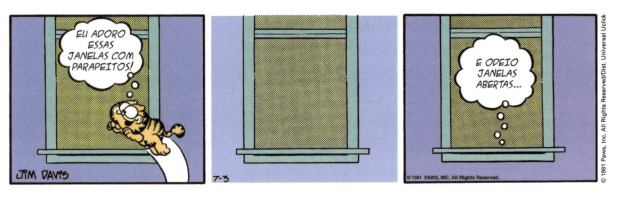

Garfield sem apetite, de Jim Davis. Tradução: Alexandre Boide. Porto Alegre: L&PM, 2014.

- Agora complete o quadro.

Oração	Sujeito	Predicado
"Eu adoro essas janelas com parapeitos!"		
"E odeio janelas abertas..."		

2) Leia as orações e complete o quadro.

Oração	Sujeito	Predicado
Eu brinquei bastante nas férias.		
Mônica e Ari moram no Pará.		
Eles viajaram para São Paulo.		
Nós visitamos a exposição no sábado passado.		

3) Leia o texto e responda às questões.

Alegria animal

Veja como os bichos demonstram quando estão contentes

Os elefantes têm um jeito especial de manifestar alegria. Produzem sons altos, suspendem a tromba sobre a cabeça, abanam as orelhas e dão voltas em torno de si mesmos. Essa farra acontece, por exemplo, quando uma manada encontra outra manada amiga. Esses animais têm ótima memória, adoram reencontrar velhos conhecidos.
[...]

Recreio. São Paulo, Abril, n. 335. 10 ago. 2006.

a) Quem tem um jeito especial de manifestar alegria? _____

b) Quem produz sons altos? _____

c) Quem suspende a tromba sobre a cabeça? _____

d) Quem abana as orelhas? _____

e) Quem dá voltas em torno de si mesmo? _____

o Você respondeu às perguntas acima com um:

◯ sujeito.   ◯ predicado.

4) Escreva predicados para os sujeitos das orações.

a) A atriz _____.

b) Meu vizinho _____.

c) Frutas e verduras _____.

d) O time _____.

Fique por dentro!
Não existe oração sem verbo.

Capítulo 5 – Sujeito e predicado

5 Leia um texto informativo.

Todo mundo sabe que os mares estão cheios de peixes

Há o peixe-voador, que pula fora da água e até tem "asas".

E tem o cavalo-marinho, que também é peixe. O cavalo-marinho macho é que leva os filhotes na barriga até eles nascerem.

Existem peixes estranhos, que ninguém vê, porque moram bem no fundo do mar, nas regiões abissais, que ficam abaixo de 2 mil metros de profundidade.

Também existem no mar os mamíferos: a baleia, que é o maior animal vivo.

Os golfinhos também são mamíferos. Eles aprendem tudo. São muito inteligentes.

E tem os tubarões, que são peixes muito bravos.

Almanaque Ruth Rocha, de Ruth Rocha. São Paulo: Salamandra, 2012.

• Complete a tabela com o sujeito dos verbos do texto.

Sujeito	Verbo
	pula
	leva
	nascerem
	vê
	moram
	ficam
	aprendem

Ortografia

onde, aonde

Leia o diálogo e observe as palavras destacadas.

> A palavra **onde** significa **em que lugar**.
> **Onde** indica o lugar em que alguém está ou em que algum fato ocorre.

Agora, leia este outro diálogo.

> A palavra **aonde** significa **para que lugar**.
> **Aonde** indica ideia de movimento, de direção.

1 Copie as frases, substituindo as palavras destacadas por **onde** ou **aonde**.

a) **Para que lugar** você precisa ir agora?

....

b) **Em que lugar** devo guardar esses brinquedos?

....

c) Você sabe **em que lugar** fica o banheiro?

....

238 Capítulo 5 – Sujeito e predicado

2 Complete as frases com **onde** ou **aonde**. Veja as dicas entre parênteses.

a) A cidade .... nasci progrediu muito. (em que...)

b) .... você foi ontem depois da aula? (foi a...)

c) A loja .... comprei estes tênis fechou. (comprei em...)

d) .... você viu o novo computador? (viu em...)

e) Leve esta encomenda .... eu pedi, por favor. (leve para...)

f) Não sei .... você quer chegar correndo assim! (chegar a...)

3 Marque um **X** na coluna da palavra que completa corretamente cada frase.

Frase	Onde	Aonde
Menino, ✪ você foi?		
Diga-me ✪ posso pegar o ônibus, por favor.		
Pergunte ✪ ele mora.		
✪ você pensa que vai?		
Não sei mais ✪ ir.		
✪ você está hospedado?		
✪ devo me dirigir para obter mais informações?		
Alô, Carlinhos? ✪ você está?		
Eu irei à casa dos meus primos nas férias. E você, ✪ irá?		

Fique por dentro!

O verbo **ir** (vai, fui, irei, vamos, etc.) indica movimento.

Capítulo 6 — Advérbio

Leia esta história em quadrinhos.

Snoopy, 9: pausa para a soneca, de Charles M. Schulz. Porto Alegre: L&PM, 2009.

Observe.

"Estou com a bola **embaixo do boné**."

verbo — (onde?) **lugar**

"Vou me esconder **atrás do bebedouro**."

verbo — (onde?) **lugar**

As palavras **embaixo** e **atrás** indicam lugar. Elas são chamadas de **advérbios**.

> **Advérbios** são palavras que exprimem circunstâncias e dão ao verbo ideia de lugar, tempo, modo, intensidade, afirmação, etc.

Além de modificar o **verbo**, o advérbio também pode modificar o **adjetivo** ou outro **advérbio**. Observe.

Babi é uma cachorrinha **muito** **meiga**.
- muito: advérbio de intensidade
- meiga: adjetivo

O jabuti anda **muito** **devagar**.
- muito: advérbio de intensidade
- devagar: advérbio de tempo

Conheça alguns advérbios e as circunstâncias que eles indicam.

Advérbios	
de lugar	aqui, ali, lá, aí, atrás, perto, longe, acima, abaixo, dentro, fora, adiante
de tempo	já, agora, hoje, ontem, amanhã, depois, logo, sempre, cedo, tarde, jamais, nunca, diariamente, atualmente, antigamente
de modo	depressa, devagar, assim, bem, mal, pior; a maior parte dos advérbios terminados em -mente: alegremente, rapidamente, etc.
de afirmação	sim, certamente, realmente
de negação	não, tampouco
de dúvida	talvez, acaso, provavelmente, possivelmente
de intensidade	muito, pouco, bastante, mais, menos, meio, tão, tanto, quase, demais, só, somente, apenas

Podemos usar também conjuntos de palavras que têm função de advérbio. São as **locuções adverbiais**. Veja.

Joana saiu **com pressa**. ⟶ Joana saiu **apressadamente**.
- com pressa: locução adverbial
- apressadamente: advérbio

Comporte-se **com educação**. ⟶ Comporte-se **educadamente**.
- com educação: locução adverbial
- educadamente: advérbio

241

Atividades

1 Qual é a palavra intrusa? Circule-a em cada grupo.

amanhã	viajar	sempre
fora	dentro	feliz
atrás	demais	alegremente
caminho	talvez	quase
longe	não	depois

- Por que as palavras que você circulou são intrusas?

  ....
  ....

- Que tipo de palavras são essas?

  ....
  ....

2 Observe a capa dos livros e copie os advérbios, classificando-os.

3 Complete as frases com um advérbio do tipo indicado nos parênteses.

a) Pedro chegou do trabalho .... (de tempo)

b) Meus primos viajaram .... para a praia. Eles estavam .... animados. (de tempo/de intensidade)

c) A moeda caiu .... do sofá. (de lugar)

Capítulo 6 – Advérbio

4 Classifique as palavras sublinhadas. Veja o exemplo.

Este é o caminho mais curto até a estação.

mais: advérbio de intensidade *curto*: adjetivo

a) Seu vestido é muito bonito!

b) Ele respondeu à pergunta calmamente.

c) A praia estava meio vazia no fim de semana.

d) Amanhã levantaremos mais cedo para viajar.

e) Fiquem aqui. Eu vou ali e já volto.

Fique por dentro!

Advérbios são palavras invariáveis.

5 Reescreva as frases, substituindo as locuções adverbiais destacadas por advérbios de modo. **Dica**: use advérbios de modo terminados em **-mente**.

a) Os avós tratavam os netos **com carinho**.

....

b) O médico atendeu-nos **com paciência**.

....

c) O motorista tratou o pedestre **com respeito**.

....

d) A mãe beijou o bebê **com delicadeza**.

....

6 Usando um ou mais advérbios do quadro, escreva uma frase no balão para representar a fala do menino.

| bastante | pouco | muito | mais |

7 Complete as frases com um dos advérbios de modo do quadro.

| mal | devagar | bem | detalhadamente |

a) A professora explicou .... toda a matéria.

b) Júlio andava .... pelas ruas encantado com tanta beleza.

c) Ontem, Raul se sentiu ...., mas hoje ele já está

....

Capítulo 6 – Advérbio

8 Leia esta HQ e responda às questões abaixo.

Disponível em: <http://turmadamonica.uol.com.br/quadrinhos/>. Acesso em: 21 dez. 2015.

a) No segundo balão, que advérbio de tempo indica o momento de amassar a massa? E que advérbio de modo indica como amassá-la?

b) No quarto balão, que advérbio indica o momento exato em que a Mônica abre a massa?

c) No último balão, que advérbio de modo modifica o verbo **fazer**? E que advérbio indica quando a Mônica quer que o Cebolinha coma os biscoitos?

Ortografia

mal, mau

Leia a piada.

Estudando o português

O filho está indo **mal** na escola e o pai resolve ajudar o menino a estudar para as provas:
— Filho, você conhece **bem** o português?
— Conheço, sim!
— Então, explique o que são verbos auxiliares.
— Ah, pai! Pensei que fosse o português da padaria!

Meu primeiro livro de piadas, de Ângela Finzetto. Blumenau: Todolivro.

1 Reescreva as frases, substituindo ✪ por **mau** ou **mal**. **Dica:** observe a palavra destacada. Se ela for substantivo, use **mau**. Se for verbo ou adjetivo, use **mal**.

Fique por dentro!
Mau → contrário de **bom** (adjetivo)
Mal → contrário de **bem** (advérbio)

a) Esse rapaz vive de ✪ **humor**.

....

b) Se você comer muito rápido, pode **passar** ✪.

....

c) Ninguém mais aguentava aquele ✪ **cheiro** de esgoto.

....

d) O vento frio me **fez** ✪.

....

2 Complete as frases com uma palavra de sentido contrário ao da palavra destacada.

a) Flávio é um rapaz que só faz o **bem**, não faz .... a ninguém.

b) Às vezes a classe se comporta ...., mas geralmente se comporta **bem**.

c) No ano passado, eu era um .... aluno, mas neste ano estou sendo um **bom** aluno.

d) É preciso distinguir um **bom** conselho de um .... conselho.

e) Julinho não está **bem** informado: ele acha que comer manga e tomar leite faz ....

3 Marque um **X** nas frases em que a palavra **mal** foi empregada incorretamente.

◯ Você se comportou muito mal na festa.

◯ Eu não sou mal aluno, só tirei nota baixa em algumas matérias.

◯ Sentiu-se mal e foi para casa mais cedo.

◯ Os meteorologistas preveem mal tempo para amanhã.

4 Reescreva as frases substituindo **bem** por **mal**.

a) Ficamos de bem outra vez!

....

b) Senti um ligeiro bem-estar ao subir no palco.

....

c) Mamãe está sempre de bem com a vida.

....

Capítulo 7 — Preposição

Observe a frase e as palavras destacadas.

PRONTO! ACABEI **DE** ARRUMAR MINHA MALA **PARA** AS FÉRIAS.

As palavras destacadas no texto são **preposições**.

> **Preposição** é uma palavra invariável que serve para ligar duas outras palavras, estabelecendo uma relação de sentido entre elas.

Observe o uso de algumas preposições.

brincadeira **de** criança	história **sobre** duendes
conversa **entre** adultos	remédio **para** dor **de** cabeça
telefone **sem** fio	dia **a** dia

Conheça algumas preposições.

a	após	com	de	em	para	sem	sobre
ante	até	contra	desde	entre	por	sob	trás

A preposição **de** tem diferentes sentidos. Veja a ideia que ela pode estabelecer entre as palavras.

máquina **de** lavar ⟶ ideia de **finalidade** (máquina para lavar)

gritar **de** dor ⟶ ideia de **causa** (gritar por causa da dor)

prato **de** sopa ⟶ ideia de **conteúdo** (prato com sopa dentro)

chinelo **de** borracha ⟶ ideia de **matéria** (chinelo feito de borracha)

Cuidado para não confundir a preposição **a** com o artigo **a**. Veja a diferença.

Marcos chutou **a** bola. → **a** é artigo porque acompanha o substantivo **bola**.

Marcos começou **a** jogar. → **jogar** é verbo (por isso não vem acompanhado de artigo); **a** é preposição que está ligando dois verbos.

As preposições podem juntar-se a artigos. Observe.

A casinha **do** cachorro é marrom.

de (preposição) + **o** (artigo) → **do**

A mãe **das** gêmeas contratou uma babá.

de (preposição) + **as** (artigo) → **das**

As crianças plantaram sementes **nos** canteiros.

em (preposição) + **os** (artigo) → **nos**

Os alunos brincam **na** quadra.

em (preposição) + **a** (artigo) → **na**

Atividades

1 Circule as preposições das frases.

a) Esta planta está sem água.

b) Coloquei os livros sobre a mesa.

c) Vamos de ônibus para a cidade vizinha.

d) A garotinha aprendeu a nadar com três anos.

e) Posso ficar aqui com vocês?

f) Juliana começou a pular de alegria quando cheguei.

2 Observe as palavras destacadas e faça como no exemplo.

Preciso ir **ao** correio.

ao: *a (preposição) + o (artigo)*

a) Mariana dormiu **na** casa **da** amiga.

na: ....

da: ....

b) O funcionário **do** banco entregou-me o recibo.

do: ....

c) Há muitos animais exóticos **nos** zoológicos brasileiros.

nos: ....

3 Escreva preposições para ligar as palavras.

aquecimento .... gás   papo .... o ar

buraco .... saída   sala .... jantar

alarme .... roubo   luz .... emergência

barco .... vela   corrida .... pé

copo .... vidro   quadra .... esportes

Capítulo 7 – Preposição

4 Identifique se a palavra **a** das frases é artigo ou preposição.

a) Dorinha adora andar **a** cavalo. ....

b) Jorge convidou **a** amiga para ver **a** exposição de fotos.

....

c) Angélica vai **a** pé para **a** escola. ....

d) Pegue **a** caixa e comece **a** guardar os brinquedos.

....

Fique por dentro!
Quando o **a** aparece antes de palavra masculina ou verbo, ele é preposição.

5 Complete as frases com as preposições do quadro.

| desde | com | até | em |
| na | da | contra | por |

a) O time Azul jogou .... o time Amarelo.

b) Não nos vemos .... o ano passado.

c) Marina saiu .... titia. Eu fiquei .... casa.

d) Comprei este casaco .... um preço razoável.

e) Ficarei .... casa .... vovó .... domingo.

Fique por dentro!
As preposições podem juntar-se a artigos.

6 Numere as expressões de acordo com o sentido da preposição **de**.

(1) matéria (2) finalidade (3) causa (4) conteúdo

(   ) copo de suco   (   ) bola de plástico
(   ) brinco de ouro   (   ) morrer de sede
(   ) papel de pão   (   ) pote de sorvete
(   ) branco de susto   (   ) sala de aula

7 Leia e observe o que acontece neste diálogo.

o Agora, veja os verbetes a seguir.

> sob (sob) prep.
> Debaixo de (O gatinho se escondeu sob a mesa.).
>
> sobre (*so*.bre) (ô) prep.
> 1. Na parte superior de (Sissi, quando viu a barata, encolheu os pés sobre o sofá.);
> 2. A respeito de (As amigas conversam sobre vários assuntos.).
>
> **Saraiva Júnior: dicionário da língua portuguesa**. São Paulo: Saraiva, 2011.

a) Qual é a classe gramatical das palavras **sob** e **sobre**?

b) Por que o menino não encontrou a surpresa?

8 Observe as figuras e complete as frases com **sob** ou **sobre**.

O pinguim está .... a geladeira.

O leão está descansando .... a árvore.

Ortografia

pôr, por

1 Leia as frases e observe.

Lúcia vai **pôr** as frutas na cesta.
verbo

As crianças sempre brincam **por** aqui.
preposição

- Complete a informação.

    O verbo .... (com acento) tem o sentido de "colocar". Por (sem acento) é uma ....

Fique por dentro!
O verbo **pôr** leva acento circunflexo.
A preposição **por** não é acentuada.

2 Complete as frases com **por** ou **pôr**.

a) A pesquisa sobre doenças foi feita .... uma equipe.

b) Preciso .... meu caderno em dia.

c) Vamos .... este caminho, pois preciso .... a carta no correio.

d) O Carnaval chegou! Vou .... minha fantasia e dançar.

e) Posso .... estes livros de volta na estante?

f) O doente ficou internado .... três dias no hospital.

3 Escreva no caderno uma frase com o verbo **pôr** e uma com a preposição **por**.

Capítulo 8 Interjeição

Leia esta tirinha.

Disponível em: <www2.uol.com.br/niquel/seletas_fantasia.shtml>. Acesso em: 22 dez. 2015.

A palavra **Aiii!** expressa sentimento de dor. Ela é uma **interjeição**.

> **Interjeições** são palavras que expressam sentimentos, emoções, sensações, etc., tais como entusiasmo, surpresa, dor e medo.

Veja a seguir algumas interjeições.

satisfação, alegria	Oba!, Eba!, Upa!, Legal!, Ah!, Uau!
estímulo, aplauso, apoio	Parabéns!, Bravo!, Viva!, Muito bem!
susto, surpresa	Oh!, Opa!, Epa!, Ué!, Ah!
dor	Ai!, Ui!
alívio	Ufa!
saudação	Oi!, Olá!, Alô!, Salve!
insatisfação, desagrado	Droga!, Xiii!, Nossa!, Credo!
silêncio	Psiu!, Silêncio!
medo	Socorro!
desejo	Tomara!, Oxalá!
despedida	Tchau!, Adeus!

Atividades

1 A mesma interjeição pode expressar diferentes sensações ou sentimentos. Escreva o que a interjeição destacada expressa em cada situação. Consulte o quadro.

> dor   surpresa   desejo

a) **Ah!** Que bom que você chegou!

....

b) **Ah!** Como dói esse dente!

....

c) **Ah!** Quem me dera viajar para o exterior nas férias!

....

2 Circule as interjeições e escreva o que elas expressam nas frases.

a) Puxa! Encontrei o carrinho que tinha perdido!

....

b) Ah! Que espetáculo maravilhoso!

....

c) Ai! Torci o pé no degrau!

....

d) Uau! Que carrão!

....

e) Muito bem! Você acertou todas as questões da prova!

....

f) Ufa! Ainda bem que cheguei a tempo.

....

3 Veja o que acontece nesta tirinha.

Disponível em: <www2.uol.com.br/laerte/tiras/>. Acesso em: 22 dez. 2015.

a) Que sentimento o pirata expressa no primeiro quadrinho?

....

b) Que interjeição ele usou para expressar esse sentimento?

....

c) Ele poderia ter usado outra interjeição para expressar o mesmo sentimento?

....

4 Leia estas frases e observe as ilustrações.

a) Psiu! Menino! Você pode me ajudar a juntar esses livros?

b) Psiu! Crianças! Está muito barulho.

○ Em qual dessas frases a palavra **Psiu!** foi utilizada como interjeição de silêncio?

....

No dia a dia

1 Como você viu, as interjeições são muito utilizadas no nosso dia a dia para nos expressarmos. Complete os balões de fala a seguir com interjeições.

2 Escreva uma frase para cada interjeição.

a) Ué!

....

....

b) Tomara!

....

....

c) Droga!

....

....

3 Pesquise, em revistas ou jornais, textos ou cenas que tenham interjeições. Depois, explique o que elas expressam.

Ortografia

Revisão

1 Complete as frases com as palavras do quadro.

> mal   utilizar   porque   analisar   por que   mau

a) A inscrição para o campeonato foi feita e a equipe vai .... a documentação.

b) Quando faço muito barulho pela manhã, minha irmã acorda de .... humor.

c) Raul vai .... luvas de borracha para fazer a limpeza do quintal.

d) Não gosto de filmes de terror .... não consigo dormir depois.

e) .... chegamos e já teremos de sair novamente.

f) .... o trânsito está tão lento?

2 Escolha palavras do quadro para completar as frases.

> mas   por   conhecerão   mais   conheceram   pôr

a) Eu gostaria de ir ao teatro, ... faltam-me .... 10 reais para completar o valor do ingresso.

b) Os alunos .... a merendeira amanhã; hoje só .... o diretor da escola.

c) .... ter esquecido o guarda-chuva, ele teve de .... o casaco na cabeça para se proteger da chuva.

Ideias em ação

Observe a ilustração e depois responda às questões:

1. Que numerais poderiam fazer parte desse panfleto? Converse com o colega ao lado e depois escreva a conclusão a que chegaram.

....

....

2. Escreva o nome dos produtos do panfleto, usando as preposições **de**, **para** ou **com**.

....

....

....

....

3. Escreva frases comparando os produtos a seguir, utilizando as palavras do quadro ao lado.

porque	por que
mas	mais

Sugestões para o aluno

Livros

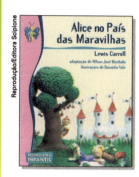

Alice no País das Maravilhas, de Lewis Carroll, Scipione.

Em uma tarde tranquila de verão, Alice encontra um coelho branco um tanto diferente. Curiosa, ela decide segui-lo, embarcando em uma aventura fantástica para um mundo bastante diferente. O que será que pode acontecer com Alice?

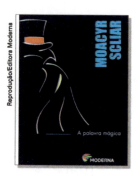

A palavra mágica, de Moacyr Scliar, Moderna.

Este livro mostra que as palavras são senhas para mergulharmos dentro de nós mesmos e nos relacionarmos com os outros. Por isso, cada um precisa descobrir sua palavra mágica! Você já descobriu a sua?

Atrás da porta, de Ruth Rocha, Salamandra.

E se você encontrasse uma passagem secreta para um mundo cheio de novidades? Veja, neste livro, o que pode estar "atrás da porta" e surpreenda-se com descobertas incríveis.

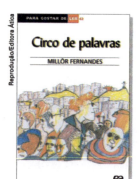

Circo de palavras, de Millôr Fernandes, Ática.

Este livro é bem variado: traz fábulas, poesias, fala da convivência humana, da mudança de costumes e da criação artística. O melhor de tudo é que os textos são curtos e simples, facilitando o aprendizado e aumentando a diversão.

Marcelino Pedregulho, de Jean-Jacques Sempé, Cosac Naify.

Marcelino não era entendido pelos colegas: ele enrubescia sem motivo e não ficava vermelho quando todos ficavam. Por isso, ele se distanciava das outras crianças. Mas um dia ele conheceu um menino diferente: o Renê Rocha, que espirrava o tempo todo, mesmo sem estar resfriado. Será que os dois vão conseguir entender suas diferenças e iniciar uma amizade?

Memória e esquecimento, de Brigitte Labbé e P. F. Dupont-Beurier, Scipione.

Sem a memória, a cada dia que a gente acordasse, seria preciso começar tudo de novo: lembrar o nosso nome, com quem moramos, o que já aconteceu na nossa vida e no mundo... Tudo ficaria muito difícil! Este livro mostra como a memória é importante e revela os cuidados que devemos ter para preservá-la.

Papo de sapato, de Pedro Bandeira, Melhoramentos.

Este livro mostra a história de dois pares de sapatos que... conversam! Moradores de um lixão da cidade, os sapatos dão uma lição de cidadania para aqueles que prestam atenção no que eles contam.

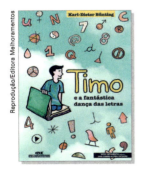

Timo e a fantástica dança das letras, de Karl-Dieter Bünting, Melhoramentos.

Timo não consegue terminar sua lição e resolve seguir o conselho da sua amiga: dorme com o livro debaixo do travesseiro! É assim que ele descobre um portal incrível para a Linguânia e vive aventuras maravilhosas, conhecendo a história da escrita, do alfabeto e até dos códigos usados no computador.

Bibliografia

ADAMS, M. J. et al. *Consciência fonológica em crianças pequenas.* Porto Alegre: Artmed, 2006.

ANTUNES, I. *Gramática contextualizada:* limpando "o pó das ideias simples". São Paulo: Parábola Editorial, 2007.

_____. *Muito além da gramática:* por um ensino de línguas sem pedras no caminho. São Paulo: Parábola Editorial, 2007.

AZEREDO, J. C. de. *Gramática Houaiss da língua portuguesa.* São Paulo: Publifolha, 2014.

BAGNO, M. *Gramática pedagógica do português brasileiro.* São Paulo: Parábola Editorial, 2012.

BECHARA, E. *Moderna gramática portuguesa.* Rio de Janeiro: Nova Fronteira, 2009.

BELINTANE, C. *Oralidade e alfabetização:* uma nova abordagem da alfabetização e do letramento. São Paulo: Cortez, 2013.

CAGLIARI, L. C. *Alfabetização & linguística.* São Paulo: Scipione, 2009. (Pensamento e ação na sala de aula).

CAMARA JÚNIOR, J. M. *Dicionário de linguística e gramática:* referente à língua portuguesa. Petrópolis: Vozes, 2009.

_____. *Manual de expressão oral e escrita.* Petrópolis: Vozes, 2012.

CEGALLA, D. P. *Dicionário de dificuldades da língua portuguesa.* Rio de Janeiro: Lexikon, 2009.

CUNHA, C.; CINTRA, L. F. L. *Nova gramática do português contemporâneo.* Rio de Janeiro: Nova Fronteira, 2013.

INSTITUTO ANTÔNIO HOUAISS; AZEREDO, J. C. (Coord.). *Escrevendo pela nova ortografia:* como usar as regras do novo acordo ortográfico da língua portuguesa. São Paulo: Publifolha, 2013.

LUFT, C. P. *Novo Guia Ortográfico.* São Paulo: Globo, 2013.

MICOTTI, M. C. de O. (Org.). *Leitura e escrita:* como aprender com êxito por meio da pedagogia de projetos. São Paulo: Contexto, 2009.

MORAIS, A. G. *Sistema de escrita alfabética.* São Paulo: Melhoramentos, 2012. (Como eu ensino).

NÓBREGA, M. J. *Ortografia.* São Paulo: Melhoramentos, 2013. (Como eu ensino).

PERINI, M. A. *Para uma nova gramática do português.* São Paulo: Ática, 2007.

SAVIOLI, F. P.; FIORIN, J. L. *Para entender o texto:* leitura e redação. São Paulo: Ática, 2007.

TRAVAGLIA, L. C. *Na trilha da gramática:* conhecimento linguístico na alfabetização e letramento. São Paulo: Cortez, 2013.

ZABALA, A.; ARNAU, L. *Como aprender e ensinar competências.* Porto Alegre: Artmed, 2010.